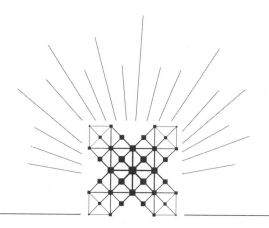

硬科创进阶

肖星 刘星 杨晶晶 ◎等著

Level Up of
Key & Core Tech Startups

机械工业出版社
CHINA MACHINE PRESS

本书从硬科技创业（简称"硬科创"）企业存活率低这一难题出发，梳理硬科创企业发展过程中所面临的内外部影响因素，结合硬科创企业的特点及发展规律，提出从"内部—外部、技术—商业"两个维度建立分析框架，建立硬科创企业"外部技术环境、内部技术能力、外部商业环境、内部商业能力"四个象限。

基于上述分析框架，本书选取多家前沿热点技术领域的明星科创企业，包括由院士、知名学者的科研成果转化而来的企业，作为典型案例加以分析和梳理。这些案例企业分别是：一流科技（人工智能深度学习框架开发）、链宇科技（V2G车网互动）、中复神鹰（新材料碳纤维国产替代）、氢阳能源（新能源氢能成果转化）、瑞莱智慧（第三代人工智能发展）、科大讯飞（自然语言技术）、智锂物联（新能源重卡换电）等。本书通过对案例企业的发展路径和模式经验展开介绍、分析和梳理，为政策制定者、科技创新者、风险投资者提供参考和启示。

图书在版编目（CIP）数据

硬科创进阶 / 肖星等著. -- 北京：机械工业出版社, 2025.6. -- ISBN 978-7-111-78119-6

I. F276.44

中国国家版本馆CIP数据核字第202570ZW17号

机械工业出版社（北京市百万庄大街22号　邮政编码100037）
策划编辑：石美华　　　　　　　　　　责任编辑：石美华　高珊珊
责任校对：卢文迪　张雨霖　景　飞　　责任印制：李　昂
涿州市京南印刷厂印刷
2025年6月第1版第1次印刷
170mm×230mm・15.25印张・1插页・190千字
标准书号：ISBN 978-7-111-78119-6
定价：89.00元

电话服务　　　　　　　　　网络服务
客服电话：010-88361066　　机 工 官 网：www.cmpbook.com
　　　　　010-88379833　　机 工 官 博：weibo.com/cmp1952
　　　　　010-68326294　　金　书　网：www.golden-book.com
封底无防伪标均为盗版　　　机工教育服务网：www.cmpedu.com

PREFACE ▶ 前言

对代表新质生产力的热点领域科创企业进行全生命周期扶持，已成为政策主管部门、各地方政府、各大金融机构、高校乃至社会各界关注的话题。清华全球私募股权研究院设有专业研究团队，在多位院士、专家的指导下，长期跟踪战略性新兴产业和未来产业发展，跟进优质科创企业的成长，已形成数十篇热点行业及典型企业报告。

创新创业的学术研究多基于西方理论体系。在中国新型举国体制科研环境下，科创企业所面临的外部技术环境和外部商业环境都具有浓厚的中国特色制度基础，相应地，对企业内部技术能力和内部商业能力的构建也提出了独特的要求。本书从前沿科技领域的典型案例出发，基于科创企业当下的经营管理实践，总结提炼出基于中国国情的、实操性强的分析框架，为创业者、管理者提供实用性分析工具。

本书所选取的九大典型案例，均是备受各界关注的明星科创企业。关于这些案例企业的碎片性分析屡见报端，但是，并没有对上述案例企业的全面系统的梳理。通过阅读本书案例，一方面，读者可以以点见面，对新能源、人工智能等前沿行业和热门赛道的行业特点、技术脉络、政策环境、竞争格局、产业链等形成更加清晰的认知。另一方面，我们结合分析框架，针对精心收录的典型案例企业的发展规律和特点，以硬科技创业（简称"硬科创"）企业发展过程的典型模式和问题为核心组织章节。本书所选典型科创企业，或是基于对外部技术趋势的预判，或是基于自身掌握的先进技术，在进行商业转化/产品化的过程中，均在外部技术环境、内部技术能力、外部商业环境（包括政策环境、经济环境、社会环境）、内部商业能力（包括创新战略、竞争战略、人才战略、企业家精神、商业模式等）等方面面临多重挑战，并通过各种具体举措，逐步取得阶段性进展。

本书为清华大学全球私募股权研究院以硬科创企业全周期发展为主题的首批案例成果展示。本书由肖星、刘星、杨晶晶、李诗林、杨帅、郭华、段志恒写作。其中，肖星负责本书理论框架和典型案例的建构与融合；刘星负责一流科技、瑞莱智慧、某隐私保护计算厂商的案例撰写，进阶路径和关键因素的提炼，以及全书统稿；杨晶晶负责链宇科技、氢阳能源、智锂物联的案例撰写；李诗林负责第一章硬科创进阶困境和理论基础的撰写，以及科大讯飞案例主体素材的撰写；段志恒负责第二章第三节主体素材的撰写，郭华负责第四章第三节主体素材的撰写，杨帅负责第五章的撰写。

本书在案例调研过程中，得到了来自一流科技、链宇科技、氢阳能源、智锂物联、科大讯飞、某智能环保企业等多家创业团队和企业的大力支持。我们对此深表感谢！本书在编写过程中，虽力求全面、系统、深入地分析硬科创企业的成长路径及其成功的关键因素，但由于作者水平有限，加之时间和精力有限，难免存在疏漏和不足之处。我们诚挚地希望广大读者能够提出宝贵意见和建议，以便我们在今后的修订中不断完善，为广大读者提供更加优质的内容。在此，预致歉意，并敬请谅解。

目录 ◀ CONTENTS

前 言

第一章 硬科创进阶的困境与路径 /1
第一节 硬科创进阶困境:一组从美国到中国海淀的数据 /1
第二节 硬科创进阶路径:一个全新实用分析框架 /3

第二章 预判技术趋势的进阶路径与关键因素 /17
第一节 预判深度学习趋势,一流科技围绕产品化的进阶路径 /18
第二节 预判车网互动趋势,链宇科技围绕产业配套的进阶路径 /33
第三节 预判新材料趋势,中复神鹰完善制造和治理的进阶路径 /51

第四节　预判技术趋势的硬科创进阶关键因素总结　/61

第三章　掌握核心技术的典型进阶路径　/81

第一节　掌握储氢领先技术，氢阳能源借助政策红利的进阶路径　/82

第二节　掌握人工智能安全技术，瑞莱智慧提升公众认知的进阶路径　/102

第三节　某隐私保护计算厂商搭载制度快车的进阶路径　/115

第四节　掌握核心技术的硬科创进阶关键因素总结　/130

第四章　硬科创进阶与内部商业能力　/149

第一节　从科大讯飞自然语言处理进阶之路看企业家精神　/150

第二节　从智锂物联重卡换电进阶之路看商业模式　/158

第三节　从技术赋能三低行业案例看管理与人才战略　/172

第四节　影响硬科创进阶续航里程的关键内部商业能力总结　/185

第五章　硬科创进阶与外部环境塑造　/211

第一节　从生物医药硬科创进阶看外部环境塑造　/211

第二节　外部商业环境塑造缩影：生物医药园区　/214

第三节　支持硬科创进阶的外部环境塑造要素总结　/230

CHAPTER 1

第一章

硬科创进阶的困境与路径

第一节 硬科创进阶困境：一组从美国到中国海淀的数据

自 2000 年以后，中国涌现出一批在互联网、电商等领域以模式创新为主、技术创新为辅的科创企业，并获得快速发展。

党的十八大以来，我国实施创新驱动发展战略，国家出台了一系列支持科技创新的政策，社会各界对科技创新的支持力度越来越大，科学家创新创业积极性不断提高。围绕新一代信息技术、新能源、新材料、高端装备、新能源汽车、绿色环保、民用航空、船舶与海洋工程装备八大新兴产业领域，以及元宇宙、脑机接口、量子信息、人形机器人、生成式人工智能、生物制造、未来显示、未来网络、新型储能九大未来产业领域，涌现出一批科技属性更强的科创企业。

围绕战略性新兴产业和未来产业的科技成果产业化正是本书所聚焦的

科技创业企业，为了区分于以模式创新为主、技术创新为辅的科技创业企业，我们将这些领域的创业企业称为硬科技创业（简称"硬科创"）企业。所谓"硬科创"，体现在其技术门槛高、研发投入时间长和复杂技术工程化，并涉及物理、数学、工程学等基础学科，需要大量的实验和验证。也正因如此，这些领域的科技创业企业的存活和发展更难。在美国，高校教授创业的失败率惊人地达到了96%~97%。[1]

中国的硬科创企业不仅面临着硬科创企业在成长过程中的普遍困境，更需要植根于中国特色的科技和产业环境。在中国新型举国体制科研环境下，中国硬科创企业所面临的外部技术与商业环境都具有浓厚的中国特色制度基础，相应地，对企业内部技术与商业能力的构建，也提出了独特的要求。

近年来，我国实施创新驱动发展战略，各级政府大力优化营商环境，企业生存环境有了明显改善。但是，我们对北京市海淀区——这一全国硬科技创业地标性区域的一组数据进行统计分析发现，2013年至2015年期间注册的61 476家民营中小微企业的跟踪研究表明，到2024年初，这些企业仅存续23 418家，存活率仅约为38%；[2]2021年至2023年期间共注销26 604家企业，这些企业的寿命中位数约为5年。

以新能源、新材料为代表的战略性新兴产业，以生成式人工智能、生物制造、新型储能等为代表的未来产业，不仅对经济社会全局和长远发展具有引领带动作用，更是培育新质生产力的核心载体和重要阵地。这些正在硬科创之路上进阶的企业，从创立之初，到死亡率最高的前3~7年间，经历了怎样的发展路径？采取了哪些应对措施？这些发展路径和应对举措

---

[1] 李莹亮，《专访美国巴士底有限公司CEO布拉德利·拉尚：缺乏管理经验，导致97%的科学家创业失败》。

[2] 此处考察的中小微企业的选择标准为注册资本500万元以下，且公司员工数量不超过500人，数据来源为万得资讯系统全球企业数据库。

呈现出怎样的模式特征？能为其他硬科创企业带来哪些借鉴？

带着这样的问题，清华大学全球私募股权研究院精心选择了新能源、智能网联、人工智能、新材料等前沿热点领域的多家明星硬科创企业作为典型案例，主要包括：从事人工智能深度学习框架开发的一流科技、开展车网互动（V2G）业务的链宇科技、从事先进复合碳纤维国产替代的中复神鹰、进行新能源氢能成果转化的氢阳能源、高举第三代人工智能发展大旗的瑞莱智慧、数据要素流通必要技术环节某隐私保护计算供应商、自然语言技术头部明星企业科大讯飞、新能源重卡换电企业智锂物联等。

通过对案例企业在早期发展阶段所经历的典型发展路径、模式经验展开介绍、分析和梳理，以期为政策制定者、科技创新者、风险投资者提供参考和启示。

第二节 硬科创进阶路径：一个全新实用分析框架

通过总结中国前沿科技领域典型科创企业的成长实践，并分析梳理现有研究基础，我们认为非常有必要提炼出一套基于中国国情的、实操性强的科创企业成长因素分析框架，以期更加系统全面地理解中国硬科创企业成长与发展的影响因素，为更多的科创企业提供借鉴，为关注科创发展的政策制定者、投资者、学者以及其他利益相关者提供参考。

本书框架的形成，借鉴了现有研究中关于创业企业成长与发展因素的理论基础。探究企业成长影响因素的理论可以分为两大脉络：其一是内生成长论，侧重于管理学视角，探讨企业内部资源、人力、技术、制度、企业家精神等因素对企业成长的影响，这些理论包括：资源基础理论（彭罗斯，1959）、核心能力理论（博亚兹，1982；普拉哈拉德与哈默，1990）、知识理论（斯彭德等，1996）等。其二是外生成长论，主要基于经济学视角，分析企业外部市场环境、产业结构、金融支持等因素对企业成长的影响，这些理论包括：古典经济学派的分工与规模经济理论、新古典经济学的企业生产规模调整理论、产业发展成长理论、市场环境与制度理论等。此外，还有从宏观时间周期角度考察企业成长阶段的生命周期理论。其中，国内外关于科技型创业企业成长的研究重点是企业家精神以及企业技术创新对创业企业成长的影响。下面重点对资源基础理论、企业成长生命周期理论及技术创新理论略做详细介绍。

1. 资源基础理论

彭罗斯最早提出企业成长资源基础理论，该理论已成为现代企业成长的核心基础理论。[1] 资源基础理论试图从企业内部寻找对企业成长产生影响的因素，既包括促进企业成长的因素，也包括限制企业成长的因素。它强调企业成长的动力源泉在于企业内部资源。企业依赖于异质性的、非常难以模仿的、效率高的专有资源，并不断产生这种专有优势资源，从而获得竞争优势。此外，彭罗斯认为，对于企业来说，管理团队积累的管理知识和管理经验是最有价值的资源之一，这些资源决定了企业的管理能力，而管理能力又是企业调用其他资源所能提供的生产性服务的数量和质量的决定因素，间接制约企业成长的速度。

2. 企业成长生命周期理论

企业成长生命周期理论是一种对企业成长人格化的研究，这一理论认为企业像自然界生命体一样会经历出生、成长、成熟到死亡的过程，从而借鉴生命体各阶段的特征来描述、解释企业从创立到衰落的过程，它体现了企业成长是一个动态的、不断进步的过程。这为政府有针对性地制定政策、影响企业成长提供了理论依据，在实践中具有较大的应用价值。

---

[1] 彭罗斯，《企业成长理论》，上海人民出版社，上海，2007年。

3. 技术创新理论

科创企业除了具有一般企业的共同特性外，最重要的特质就是科技创新。创新是人类一项伟大的特质，通过创新，企业获得持续竞争优势，国家获得可持续的经济增长，人类获得不断提升的特质文明与精神文明。有关调查表明，1912年世界上最大的跨国公司100强企业，到1995年只有31家仍然存活，只有20家仍然保持在100强以内。对这些仍然保持在100强的企业所做的研究表明，这些企业普遍的生存之道在于：富有创造性、愿意进行改革、能因时制宜调整业务组合，最终归结为：具有创新精神，并崇尚知识管理。企业技术创新对创业企业成长具有重要的影响，围绕企业技术创新产生的一门专门学科——技术创新管理，专门研究企业技术创新战略及过程。

当今世界，科技创新的步伐越来越快，在20世纪上半叶，一项技术从发明到商业化成功往往要经历几十年时间，进入21世纪后，技术创新的周期显著缩短，例如，20世纪20年代，电视机从发明到商业化成功用时22年。而互联网从发明到进入家庭只用了5年时间。现在科技领域软件行业的产品生命周期已降至4~12个月，计算机硬件产品和电子消费产品降为12~24个月，大型家电产品降为18~36个月。技术创新这一趋势促使企业将创新作为一个强制性战略——如果一个企业不能快速创新，随着自身产品过时，其市场份额便会开始下降。㊀ 美国学者库佩与普莱（Kumpe与Plet，1994）认为，当前，主流的企业发展模式经历了最初的效率型企业、质量型企业、灵活型企业，现在正在向创新型企业转变，企业的战略、组织、管理体系能否面对瞬息万变的市场环境，持续有效地进行创新管理，将成为决定企业成长的关键因素。

㊀ 梅丽莎·A.希林，《技术创新的战略管理》，清华大学出版社，北京，2005年。

因此，影响科创企业成长的因素，既有影响一般企业成长的共同因素，也有一些决定科创企业成长的特有因素。通过总结国内外研究成果，我们发现，被广泛提及的影响科技型创业企业的因素，可以从内部因素和外部因素的维度进行初步划分。从企业外部因素看，政府政策、融资环境等是非常重要的影响因素，而就企业内部因素来看，技术创新能力、企业家精神、推出切合市场需求的新产品的能力，以及管理能力、防止资金链断裂的能力等是极其关键的因素。

本书所选的典型硬科创企业，或是基于对外部技术趋势的预判，或是基于自身掌握的先进技术，在进行商业转化/产品化的过程中，均在外部技术环境、内部技术能力、外部商业环境（包括政策环境、经济环境、社会环境）、内部商业能力（包括创新战略、竞争战略、人才战略、企业家精神等）等方面面临多重挑战，并通过多种具体举措，逐步取得阶段性进展。

硬科创企业早期成长之路是一个动态过程，这期间必须应对来自外部技术环境、外部商业环境的变化，以及完成对自身技术能力和自身商业能力的建构。基于上述考虑，我们针对硬科创企业在早期成长的路径和模式，提出从"技术—商业，内部—外部"两个维度建立分析框架，搭建硬科创企业外部技术环境、内部技术能力、外部商业环境、内部商业能力四个象限，着重分析影响硬科创企业成长进阶的关键因素。如图1-1所示，我们将其称为"硬科创进阶四象限"。

硬科创企业所面临的外部技术环境因素包括：技术关键性与技术嵌入性；而企业内部的技术能力因素包括：技术原创性、自主性、成熟度。科创企业需重点考虑的外部商业环境因素包括政策环境、经济环境、社会环境；应重点关注的内部商业能力主要包括：战略、人才、企业家精神。

在前沿科技高速发展、全球产业链加速重构的大背景下，中国硬科创企业在成长过程中，往往同时受到上述多种因素相互交织、叠加杂糅的影响，企业在挑战与机遇并存中，快速应对外部技术和商业环境的变化，并有效建构内部技术和商业能力，才能在发展之道上走得更远。

	技 术	商 业
内部	**原创性**（指技术发明者利用自己独特的思维、创造力和知识，产生创新的发现、创意或者发明） **自主性**（技术开发者拥有自主知识产权，不受外部机构影响或者主张权利） **成熟度**（综合反映科技成果的技术实用性程度、在技术生命周期中所处的位置）	**战略**（技术创新战略、竞争战略等） **企业家精神**（"定战略、定班子、带团队"，战略眼光，坚定的信念，毅力，执行力） **人才**（汇集数量足够多的高素质人力资源，建立明确的内部分工）
外部	**关键性**（支撑供应链中特定环节或业务流程所必需的核心技术，并以此成为决定该环节或流程能否成功运作的关键因素） **嵌入性**（指技术是否与现有基础设施相适应，以及与现行产业链上下游相配套）	**政策环境**（政策环境、制度环境等） **经济环境**（经济基础、经济逻辑、金融环境等） **社会环境**（公众认知，如环保、伦理、安全等）

图 1-1 硬科创进阶四象限

尽管本书案例企业所处行业领域差别较大，创立的背景契机也不尽相同，但是，通过对其早期成长历程的深入探查，我们发现，这些企业确实在特定阶段存在某几项起到了极为关键作用的因素，而本书提出的"技术—商业，内部—外部"两个维度、四个象限，正是一个既能充分体现这些关键因素，又具备实操性的分析框架。

一、外部技术环境

（一）技术关键性

根据技术是否属于产业链关键环节，我们将技术划分为基础性技术与关键性技术。其中，基础性技术贯穿整个供应链的各个环节，它们对于保障供应链的顺畅和高效运转发挥着至关重要的作用。关键性技术是支撑供应链中特定环节或业务流程所必需的核心技术，并以此成为决定该环节或流程能否成功运作的关键因素。基础性技术和关键性技术在供应链中都有着重要的作用，两者相辅相成，互为基石，保障了供应链的顺畅和高效运作。

本书案例中，中复神鹰创始人正是深刻认识到碳纤维在航空航天、风电叶片、体育休闲、压力容器、碳/碳复合材料、交通建设等军民产业中被广泛应用，是国民经济发展不可或缺的重要战略物资，而中国碳纤维领域长期依赖日本等国家的产品进口，因此，碳纤维技术的关键性是中复神鹰——一家深耕纺织机械领域四十余年的企业布局新技术领域的重要驱动因素，而实现这一关键性技术的产业化落地，也是企业能够获得后续发展的重要影响因素。

（二）技术嵌入性

技术嵌入性是指技术是否与现有基础设施相适应，以及与现行产业链上下游相配套。一项新技术即使成功转化为新产品以后，在其运营过程中，也涉及配套基础设施的供给，以及产业链配套供给。

本书案例中的链宇科技，在国家大力推进"双碳"政策和电动汽车渗透率日益提高的经济社会背景之下，其技术嵌入性体现为，锂电池的新能源汽车运行，离不开充电站及停车场充电桩的建设，而充电桩公司核心软件算法技术必须嵌入在"车—桩—网"的通信架构中，同时也离不开相关的标准体系和协议标准的进一步完善。

二、内部技术能力

（一）技术原创性

原创性技术是指技术发明者利用自己独特的思维、创造力和知识，产生创新的发现、创意或者发明。原创性科技创新是能够经得起时间检验、构成原理性知识的科学创新，是对科学知识创造性地应用而形成重大突破的技术创新。科技创新中的原创性体现为技术发明者独特的研究思路、新颖的科学假设，以及前所未有的技术突破，原创性技术是推动科学进步的原动力。

（二）技术自主性

自主性技术创新是指依靠自我技术力量，进行研究、开发新技术并实现其工程化和商业化生产的技术创新，技术开发者拥有自主知识产权，不受外部机构影响或者主张权利。

（三）技术成熟度

技术成熟度综合反映科技成果的技术实用性程度、在技术生命周期中所处的位置，以及实施该成果的工艺流程与所需配套资源的完善程度等，也反映某个具体系统或项目中的技术所处的发展状态，以及该技术对于达到或实现该系统或项目预期目标的满足程度。

美国航空航天局（NASA）于20世纪70年代提出了技术成熟度（Technology Readiness Levels，TRL）的概念，1995年起草并发布了《TRL白皮书》，将其确定为九个等级。为简化分析，同时结合配套资源及市场因素，我们将技术成熟度划分为实验技术、概念验证及样机、商业验证、工程化、产业化生产五个阶段。

在本书典型案例企业中，从事隐私保护计算技术的某科创企业便在技术原创性、自主性方面均有明显优势。创始团队在掌握底层技术和架构的基础上，从大学实验室走向公司化运作。就该项技术本身而言，20世纪80年代多方安全计算就已经具备基本的技术成熟度了，但在当时缺乏一定的数据基础和市场需求的环境下，隐私保护计算尚无用武之地。而随着数据要素流通等相关政策的陆续出台，掌握核心技术的企业认为，隐私保护计算可以在对底层数学严谨性有要求的高敏感、高数据价值的场景（如金融领域）率先获得应用和落地的机会。此外，该隐私保护计算技术厂商依托原创性、自主性技术，参与并引领隐私计算行业标准的制定，面对良莠不齐的行业竞争格局，提升行业进入门槛，为行业和自身的良性持续发展奠定基础。

三、外部商业环境

（一）政策环境

政策因素是指政府发布的有关企业主营业务所涉及的产业政策，是国家制定的引导国家产业发展方向、引导推动产业结构升级、协调国家产业结构、促进国民经济健康可持续发展的政策。产业政策是政府为了实现一定的经济和社会目标而对产业的形成和发展进行干预的各种政策的总和。产业政策主要通过制订国民经济计划（包括指令性计划和指导性计划）、产业结构调整计划、产业扶持计划以及财政投融资、货币手段、项目审批来实现。

（二）经济环境

经济环境是指企业经营活动的外部经济条件，包括消费者的收入水平、消费者支出模式和消费结构、消费者储蓄和信贷、经济发展水平、经济体制地区和行业发展状况、城市化程度等多种因素。市场规模的大小，不仅取决于人口数量，而且取决于有效的购买力。

（三）社会环境

社会环境包括一个国家或地区的居民受教育程度和文化水平、宗教信仰、风俗习惯、审美观点、价值观念等。文化水平会影响居民的需求层次；宗教信仰和风俗习惯会禁止或抵制某些活动的进行；价值观念会影响居民对组织目标、组织活动以及组织存在本身的认可与否；审美观点则会影响人们对组织活动内容、活动方式以及活动成果的态度。

对于多数科创企业而言，外部的政策、经济、社会环境更像是企业发展因素中的外生性变量，企业通常要顺势而为。例如，"双碳"政策环境下，抓住清洁能源发展机遇的氢阳能源；国家发布了数个针对数据要素的政策文件，数据要素"元年"开启后，蓄力数据要素流通必备基础设施的某隐私保护计算技术供应商。

然而，科创企业对所处的外部政策、经济和社会环境，也并非完全是被动接受的。通过复盘案例企业的实践，我们发现，首先，科创企业可以通过与行业内有影响力的院士专家、政策制定者加强沟通和联系，或为政策制定建言献策，或加深对政策的解读，或预判政策的走向，在"有为政府"和"有效市场"的制度环境下精准发力。其次，科创企业也可以通过积极融入经济金融环境，借力资本市场，触达更多的资源，获得发展加速度。此外，本书不乏案例企业通过积极主动营造社会舆论环境，如在国内外行业论坛倡导发声，构筑有利于行业和自身发展的社会环境。最后，本书第五章着重介绍了外部政策、经济和社会环境的区域性载体——科技园区，以医药产业园区为例，分析其通过制定支持性政策，引入金融创新工具，营造培育孵化的"小社会"环境，为企业的创新发展起到积极的促进作用。

四、内部商业能力

（一）战略

在当今时代，对科创企业而言，公司战略的本质特征应该是一种技术创新战略，其目的是积累企业特定的知识，而这种特定的知识，包括探索与获取知识的能力，是企业在竞争中取得成功的关键因素（蒂德与贝赞特，2009）。技术创新战略是科创企业在技术方面制订的具有全局性、长远性的总体目标设计与规划，以及为实现创新目标而做出的谋划与根本对策。

创新战略围绕企业经营目标而生，是企业对于创新方式与创新路径的选择。创新战略选择主要包括两个维度：一是创新方式，即封闭式创新与开放式创新；二是创新路径，即渐进式创新与突破式创新。封闭式创新是指企业主要依靠自身的力量、资源进行创新，企业与外界合作较少，而开放式创新则是企业在创新过程中，同时利用内部资源与外部资源实现创新，并最终实现商业价值。渐进式创新是指企业在现有技术基础上，对产品、工艺流程、服务及商业模式等进行程度较小的改进与提升。突破性创新则是开发与现有技术完全不同的新产品、新工艺、新服务或者新商业模式。一项新技术走向商业化，面临着两个方面的不确定性，一是技术的不确定性，二是市场的不确定性，渐进式创新面临上述两种不确定性的程度较小，而突破性创新在上述两个方面面临的不确定性的程度均较大。

在企业运营层面，企业技术路径的选择直接受企业创新战略的影响，创新战略制定是否成功，直接关系到企业在市场中的竞争力，因此，企业创新战略是企业战略的重要组成部分。同时，企业创新战略必须与企业市场战略相协调，服务于企业制定的总体战略。在实际市场环境中，一些领先的优势企业，虽然是一些重要技术的发明创造者，但是，由于技术创新战略不当，或缺乏战略高度，或者目光短浅，只停留于眼前利益，没有对新技术进行持续创新，最终在市场竞争中丧失了原有的优势。

（二）企业家精神

相对于处于成熟阶段的企业，创业企业创始人的企业家精神对创业企业的成长更具有决定性作用。企业创始人是企业的灵魂，创始人的企业家精神是决定创业企业成长的关键因素，其主要职责是定战略、定班子、带团队，公司创始人要有长远的战略眼光，对公司未来目标有坚定的信念，能够团结核心团队，具有坚韧不拔的毅力与强大的执行力。创业企业在成长过程中，会遇到各种困难，如果创始人缺乏上述素质与能力，企业则极有可能遭遇失败。企业创始人的个人素质直接影响着企业的发展方向，在企业的长远成长中会影响企业的凝聚力，这些个人素质具体包括：创始人的经验、社会网络、领导力、不惧失败的坚韧毅力等。创始人已有的创业经验可以帮助企业获取重要信息，抓住市场机会，同时有利于企业避免成长过程中的常见陷阱。而创始人的社会网络则为企业成长提供了外部资源渠道，从而支持企业生存与发展。创始人领导力决定了创业团队和其他成员的工作效率与凝聚力，对企业长期发展具有重要的引领作用。由于创业企业在成长过程中，可能面临多重困难与危机，因此创始人不惧艰险、坚韧不拔的毅力有利于企业坚持长期战略定力。

（三）人才

企业的资源存在于企业内部与外部网络中，创业企业需要有效地整合与分配企业资源，其中，人力资源是企业内部最主要的资源，从长期看是决定企业成败的决定性因素。

美国学者彼得·德鲁克较早提出人力资源管理的理念，他认为现代社会组织的发展对员工管理提出了更高的要求，传统的人事管理已经无法适应这些需求，企业中的每一个个体都是有价值的资源，应将企业员工作为一种资源进行管理，即人力资源管理。由于受财务资源的限制，创业企拥有的人力资源是比较有限的，创业企业在初始阶段很难汇集数量足够多的高素质人力资源，也很难建立明确的内部分工。作为科创企业，新技术的研发需要依赖高素质科技人才与管理人才，相比硬件和资金而言，人的因素更加重要。因此，科创企业应建立以人为本的企业文化与内部工作环境，有效的人才发现、鉴别、选择、分配与合理使用的内部程序，以及公平、有效的激励机制，激发员工发自内心的工作热情与创造性，充分发挥员工的潜能，做到人尽其才、事得其人、人事相宜，实现企业最佳的社会和经济效益。

战略、企业家精神、人才等企业管理中的诸多内部因素，在企业发展的早期阶段，与外部技术环境、内部技术能力、外部商业环境交织在一起，有时起到辅助支撑作用，有时也会成为企业跨越"死亡谷"的重要影响因素。例如，本书案例企业科大讯飞，在早期创业阶段经历了异常艰难的历程，以公司创始人刘庆峰为核心的创始团队在企业成长过程中，表现出了卓越的企业家精神，带领企业克服了资金短缺、人才紧缺、技术门槛高、市场认知度低等众多困难，在短短数年里成长为在中国资本市场有影响力的高科技企业。

本书另一案例企业智锂物联，其创始团队大多都有电池管理背景，技术积累深厚，行业经验丰富，在这样一支专业化人才队伍的带领下，智锂物联制定出软硬件一体化的业务模式，该模式依托数字化的运营管理，覆盖产业链各个环节，形成高效协同，实现资产和资本的最优化利用，为企业在后续的产业竞争格局中，汇聚了核心优势。

新旧动能转化过程中，不乏传统企业根据自身的产业基础和资源布局新质生产力。本书选取的智能环保案例企业，原本处于相对传统的环保细分领域，行业竞争格局混乱，高度依赖低成本劳动力，且耗能高、效率低。为了获得持续的竞争优势，该企业将高科技技术和工具应用于研发、生产、服务等多个环节，与此同时，企业在转型升级过程中，也有效应对了人才管理、商业模式选择、适应外部环境趋势、提升企业管理效能、股权激励机制、股东利益分配、人才战略调整、危机管理等一系列问题，最终实现了高于行业平均水平的价值增值。

下面，就让我们跟随前沿技术领域的焦点科创企业的发展历程和路径，理解科创企业如何在中国独特的商业环境下，实现从技术到产品的商业转化，一路进阶。

CHAPTER 2

第二章

预判技术趋势的进阶路径与关键因素

在科技日新月异的今天，顺势而为，紧跟科技发展趋势，成为众多科创企业开启创业之路的关键。本章精心选取三个硬科技领域的典型案例，包括：人工智能深度学习框架开发者——一流科技，V2G 先驱——链宇科技，中国碳纤维开拓者——中复神鹰。

我们发现，这三家科创企业均能凭借敏锐的洞察力来预判科技趋势，也就是说，三个典型案例走上创业之路的出发点都源自本书"硬科创进阶四象限"分析框架的一个共同象限——外部技术环境。从预判外部技术趋势这一共性起点顺势出发，在内部技术能力、内部商业能力以及外部商业环境三象限，围绕产品、模式和治理等关键因素，走出了各自的进阶路径。

第一节　预判深度学习趋势，一流科技围绕产品化的进阶路径

一、深度学习框架的发展背景

2012年，一流科技的创始人袁进辉刚刚完成了在清华大学的博士后研究工作，师从中国人工智能专家张钹院士。

也正是同一年，加拿大多伦多大学杰弗里·辛顿（Geoffrey Hinton）教授及其博士生艾力克斯·克里泽夫斯基（Alex Krizhevsky）和伊尔亚·苏茨克维（Ilya Sutskever）团队提出的艾力克斯模型（AlexNet）赢得了当年的图像识别大赛冠军。他们的成功引发了深度神经网络的应用热潮，让业界意识到算力和数据集的重要性。

在算力方面，尽管中央处理器（CPU）仍是产研界依赖的算力提供方。但是，由于CPU在架构上的局限，计算支持单元有限，学者和工程师开始结合更加适用于深度学习的图形处理器（GPU）。2007年，已经在GPU领域占有一席之地的英伟达推出并行计算平台和编程模型（CUDA）环境，为后续训练神经网络提供算力支撑奠定了基础。英伟达成立于1993年，采用专注于芯片设计的业务模式（Fabless），在其十余年的早期发展过程中，紧跟市场需求，对3D显卡加速处理性能进行快速迭代，并收购了竞争对手3dfx公司，巩固了其市场地位。

杰弗里·辛顿、艾力克斯·克里泽夫斯基和伊尔亚·苏茨克维团队正是借助英伟达的GPU成功训练出了深度卷积神经网络AlexNet。优秀的算力支撑让众多人工智能开发者开始以CUDA为第一选择，英伟达在人工智能领域的地位进一步提升。

2013年初，杰弗里·辛顿教授及其学生艾力克斯·克里泽夫斯基和伊尔亚·苏茨克维创办仅一年且只有三个人的公司（DNN Research）被谷歌

收购。此次收购被媒体描述成"人才型"收购。收购后，艾力克斯·克里泽夫斯基和伊尔亚·苏茨克维受雇于谷歌，而杰弗里·辛顿教授在维持自己科研工作的同时参与谷歌的项目。

随着卷积神经网络（CNN）在图像领域形成技术突破，人工智能取得飞速发展。越来越多的程序员希望以更低的门槛、更快的速度建构深度学习模型。

2015年底，谷歌顺势而为开源了其深度学习框架（TensorFlow）。深度学习框架可以运行在多个CPU或GPU上，也可以运行在移动端操作系统上（如安卓、IOS等）。开发人员可以根据自己的需求通过TensorFlow设计不同的人工智能产品。

现实中拥有数据集和有实力购买GPU算力的企业不在少数，但它们都缺少能力去开发一个可以和谷歌TensorFlow同等水准的深度学习系统。TensorFlow极大降低了深度学习在各个行业、各种公司里的应用难度。谷歌深度学习框架TensorFlow的开源，对全球人工智能行业而言更是裨益良多，意义重大。

2016年，谷歌基于深度学习算法开发的阿尔法围棋（AlphaGo），在与世界围棋冠军李世石的人机大战中获胜；2017年底，谷歌（DeepMind）团队发布的基于强化学习的阿尔法元（AlphaZero）击败了AlphaGo。人工智能在与人类的对弈中显现出来的优势震惊了全世界。

在全球人工智能领域的技术进步和开源环境中，中国人工智能企业也开启了快速发展模式。2016年9月，百度在其深度学习实验室创建的供内部工程师所使用的框架飞桨（Paddle）的基础上，构建并开源了异构分布式深度学习框架飞桨（PaddlePaddle），成为国内首个开源的深度学习框架，解决了国产深度学习框架的有无问题。

二、技术趋势超前识别与早期风险投资

在清华大学完成了博士和博士后的学业进修后，袁进辉在微软亚洲研究院从事了四年的大规模机器学习平台研发工作，在此期间，无论是产品开发，还是论文发表，都产出颇丰。一直活跃于人工智能前沿领域的袁进辉认为，人工智能从软件1.0时代（依赖人工编程的信息化浪潮）向软件2.0时代（数据驱动编程）过渡，将出现两大技术发展趋势：标准化和大模型。

所谓"标准化"，一方面体现在支撑深度学习所需算力的硬件层配置的标准化。以英伟达为代表的芯片硬件厂商所提供的GPU，几乎占据了人工智能训练的90%以上市场份额。另一方面，人工智能跨图像和语音等应用算法，跨金融、医疗、制造等应用场景，所需的底层算法有许多共性，即可以借助标准化的算法底座，按照标准化的流程（如数据准备、模型准备、模型生产、模型监控等），实现规模化、低门槛的应用推广。

2017年1月，另一家活跃在人工智能领域的全球性互联网公司脸书（Facebook）开源了其深度学习框架（PyTorch）。PyTorch以其易用性强、涵盖丰富的前沿算法模型等特点，在学术研究领域和开发者群体中收获了大批使用者。仅用一年的时间，PyTorch便与曾经独占鳌头的TensorFlow并驾齐驱。

PyTorch的优秀表现再次坚定了袁进辉对于市场机会的判断：作为人工智能底层配套的框架必须对上层应用需求的变化有前瞻性预判。他发现，PyTorch问世时，恰逢人工智能渗透率快速提升的阶段，开发者对易用性的关注度和需求度很高。需求的变化带来新的技术机会和市场机会。只有准确预判需求发展趋势并能满足需求的框架，才会获得发展空间。

袁进辉判断的另一个技术趋势就是"大模型"。人工智能模型要提高通用性、准确性等性能，随着数据规模的增长，模型参数必将不断增长。模

型一旦变大，使用模型的预算便会捉襟见肘或者根本用不起，甚至基于已有框架根本无法支持大模型的训练。袁进辉判断，下一个机会点便是应对"大模型"所带来的技术需求。

袁进辉在微软工作期间，一直从事大规模机器学习平台研发工作，早在2016年便做出了大模型化的趋势预判。彼时，业内同行多不以为然。国内外在人工智能领域首屈一指的巨头也未见在应对大模型方面有何实质性表现。

2017年初，袁进辉决定创立一流科技，公司的技术发力点就定位为应对大模型的架构设计和实现。

然而，像一流科技这样从事底层技术开发的硬科技创业项目，要得到早期风险投资机构的股权投资绝非易事，更何况是基于多数同行都尚未达成共识的技术趋势预判。

幸而，袁进辉在创立一流科技之初就结识了几位具有相关技术背景并以投资眼光关注科技发展的同行——王啸和宿华。

王啸曾是百度的创始团队成员，被称为"百度七剑客"之一，2010年离开百度后转为天使投资人，并创立了关注数据智能基础设施的风险投资机构——九合创投。王啸在一流科技创立之初便以天使投资人的身份参与其中。随后，他创办的九合创投参与了一流科技的两轮早期风险投资。宿华是快手科技的创始人，在袁进辉加入微软前曾与其有交叉的创业经历。出于对袁进辉技术逻辑和能力的了解，宿华也以天使投资人的身份，支持了袁进辉的创业想法。

天使轮股权投资对于从事人工智能基础环节创业者的公司而言，意义重大，不仅充盈了初创团队的早期资本，更体现了与创始人的技术共鸣。

就在袁进辉创立一流科技的两年后，美国人工智能新秀——开放人工智能研究中心（OpenAI）于2018年6月推出了预训练语言模型（Generative

Pretrained Transformer，GPT-1），参数量 1.17 亿。同年 10 月，谷歌推出自然语言预训练模型（Bidirectional Encoder Representation from Transformers，Bert），参数量 3 亿。2019 年，OpenAI 又推出了 GPT-2，模型参数量达到 15 亿。GPT 系列模型和 Bert 模型都在非常复杂的自然语言处理任务中（如文章生成、机器翻译、问答等）取得惊艳的效果，让大模型成为国内外人工智能领域讨论和关注的焦点。袁进辉对技术趋势的判断得到了印证。

一流科技在早期风险投资机构的支持下，迅速充实了研发力量，核心研发人员扩充到 10 余人。通过有效的研发执行团队，一流科技在应对大模型的框架核心技术——分布式计算方面重点发力，将对技术趋势的超前识别转化为领先的技术优势。

三、闭源版本迭代与企业战略投资方

一流科技凭借技术优势在业界迅速建立了品牌效应和知名度，以至于百度、华为、脸书等业界同行都参照其技术路线。

一般而言，当科技公司内部研发成本高于外部开发时，企业会选择以战略投资的方式获取外部研发资源。例如，前文提到的创立于 2015 年的美国人工智能新秀 OpenAI，是由杰弗里·辛顿教授三人组中的伊尔亚·苏茨克维在埃隆·马斯克（Elon Musk）等人的资助下参与创办的。OpenAI 在自然语言领域的丰硕成果得到科技巨头微软的认可。2019 年，微软向 OpenAI 投资 10 亿美元，希望联合 OpenAI 强化微软自己的人工智能平台 Azure AI 的超级计算能力，而微软也成为 OpenAI 的独家云服务供应商。

在实践中，除了微软投资 OpenAI 这类收购型、控制型战略投资，科技企业也会采用财务型股权投资的方式开展战略投资。相比控制型企业战略投资，财务型企业战略投资的投资标的与投资方企业战略方向有一定契合，但控制关系更为松散，财务型企业战略投资的主要目的是在投资方重点关

注的技术方向上进行技术孵化，根据被投项目的发展情况，未来既可以成为控制型收购的标的，也可以单纯获取财务回报，如果遇到投资失败，损失也相对可控。

早在2017年一流科技创立时，王啸的九合创投就联合了上市公司拓尔思所设立的企业战略投资基金（Corporate Venture Capital，CVC）共同完成了对一流科技的早期风险投资。拓尔思主要从事大数据和语义智能等软件产品研发，是中文全文检索技术的创始者，曾有"国内搜索引擎第一股"和"大数据第一股"的称号。总裁施水才曾获得"中国10大软件领军人物"的荣誉，对大数据和人工智能行业具有深刻的认知，正是他促成了拓尔思对一流科技的投资。

到2019年初，一流科技的深度学习框架闭源版本已基本具备适用于大规模的人脸识别、广告推荐等应用场景的能力，快手科技创始人宿华进一步推动了公司战略投资部对一流科技的股权投资，获得其6%的股权。

从一流科技的角度而言，无论是与拓尔思的投资基金，还是与快手科技的战略投资部，所建立的投资关系均属于松散的财务型投资关系，这对公司在业界保持相对独立的身份，以及核心团队对公司技术理念和发展思路上的自主性方面，可以保有更大的自由度。

与此同时，一流科技深度学习框架的内部测试版也得以在快手科技的自然语言处理等场景中试用，帮助技术团队完善了对框架的迭代和改进。

四、框架开源与大型风险投资机构品牌背书

2020年，凭借高效的执行力，一流科技的核心技术团队开发迭代的深度学习框架在各方面都具备了开源的条件。

事实上，参照国际国内的先例，深度学习框架的开发机构几乎都是人工智能技术领先的大型科技公司，如谷歌、脸书、百度等。即便初期由创

业团队开发，在随后的发展中，也往往被科技巨头收购，其根源在于深度学习框架开发的外部性，即投入与收益的不对称性。深度学习框架作为人工智能的底层基础设施，如同我们所熟悉的个人电脑的操作系统，一方面，需要昂贵的硬件和高级开发人才的投入，另一方面，需要通过开源的方式扩大软件使用渗透率，因而投入巨大。

与此同时，深度学习框架所产生的收益与人工智能算法模型所能应用的场景范围高度相关。举例来说，谷歌开发并开源深度学习框架TensorFlow，投入了高昂的成本，换取了众多开发者和科研人员共同参与其框架性能的强化与迭代。更强大的TensorFlow又进一步支撑了谷歌实现核心业务搜索的智能化提升，并可将此种能力延伸至其他智能终端。由此，谷歌通过开源深度学习框架，实现了核心竞争力的构筑。

就这一点而言，国内的百度开发深度学习框架PaddlePaddle，其业务逻辑与谷歌如出一辙。而对于像一流科技这样的独立创业团队来说，一方面，开源是提高深度学习框架渗透率的有效途径，同时可以借助开源社区的力量提升产品研发的进度，提升产品质量；另一方面，开源在投入和收益上的不对称性，使其难以在短期内获得收入和盈利。因此，引入风险投资机构的资金来支撑开源这一发展模式，就显得极为必要。

以一流科技为代表的创业项目，其典型特点是属于底层技术推动型项目，尽管一流科技在技术路线上的逻辑已经初步得到印证，但是，基于获益于该技术的市场需求以及收益仍需要几年的周期才能显现，因此，只有既关注底层技术，又具备高风险高收益投资逻辑的风险投资机构，才能认可这类项目的价值。

一流科技经历了与多家关注硬科技领域的风险投资机构的接触，最终选择了一家有国际影响力的大型风险投资公司——高瓴创投。高瓴创投是高瓴资本于2020年设立的专注于新兴科技早期创业公司的投资机构，首期规模 100 亿元，两年时间备案登记了近 40 支股权投资基金，其出资人中不乏通过各类金融机构的财富管理计划进行资金配置的高净值人群和机构。高瓴创投一方面汇聚看好科技驱动力的出资人，形成大体量风险投资基金；另一方面将资金配置到其看好的科技赛道上的多个优质项目，通过投资组合的方式，分散科技领域投资的高风险。

高瓴创投除了在投资逻辑上与一流科技具备匹配度，还借助其全球性平台，协助一流科技在全球性的科技论坛和大会上推介其框架，并招募高端科技人才。这一点，也成了促成双方合作的重要因素。

高端人才对于硬科技领域的创业团队，特别是像一流科技这样从事基础软件开发的创业团队至关重要。一流科技凭借自身的技术口碑以及风险投资的助力，团队逐步扩充到 90 人，其中，有一半人员是专职的工程师团队，从事底层软件的开发，另外一半人员则是国内外的实习生团队，主要协助完成大量的应用方案、模型和文档等表层开发工作。

目前，整个人工智能行业里面能从底层掌握分布式技术的高级人才非常稀缺，且分布在全国乃至世界各地。为了能最大化地聚合高端稀缺人才，一流科技在办公地点和工作时间上采用了非常灵活的方式，尊重人才的自主选择。

除了人才构成上的国际化，一流科技也充分融入了人工智能开源的国际化环境。开发深度学习框架的难点之一在于，要训练亿级参数的大模型需要调用几千块 GPU，利用神经网络的知识，要将这几千块 GPU 分成例如数十个流水线阶段，每个阶段里面有若干台服务器，每台服务器内部、服务器彼此之间以及流水线之间都需要使用不同的并行技术。要想让用户端程序员不去考虑数据切分、数据路由等一系列复杂的分布式编程问题，而只需说明资源预算，就可简单有效地处理流水线，支持各种运行模式数据并行，那么，深度学习框架的开发就必须与主流前沿的 GPU 等底层硬件性能指标有充分且深入的了解，完成分布式计算、编译器等核心技术研发。因此，一流科技与 GPU 市场份额最大的国际厂商英伟达的美国研发团队建立了深度合作。

一流科技还与国外主流深度学习框架的研发团队"互通有无"。例如，Facebook 开发的深度学习框架 PyTorch 在应用程序接口（API）方面已经成为行业里的标准，所以，一流科技就直接参考了 Facebook 的接口技术，而 Facebook 也学习了一流科技在分布式计算方面从逻辑到物理转换中引入的编译技术的核心思想（SBP）。

以开源的方式获得发展的"加速度"，已经成为全球人工智能企业快速发展的重要模式。早在 2018 年，Facebook 联合亚马逊云科技 AWS 等公司，共同主导了旨在打通不同深度学习框架的通用工具（ONNX），大大降低了使用者在不同框架之间转换的技术门槛，也为一流科技这样的"后来者"降低了追赶的障碍。

不同的深度学习框架各具特点，一流科技基于自身的技术逻辑，将框架的技术要点归纳为三个维度。其一是框架的性能，包括计算集群内部的通信和调度消耗、硬件利用率、模型训练速度、训练成本和时间等。其二是框架的易用性，如编程界面易学易用、接口设计、在线预览与编辑功能、一键命令行部署模型、动态静态转换等。其三是框架的完备性，所谓完备性，既包括框架与硬件的适配性、兼容性，如与不同厂商的人工智能芯片的兼容性，也包括与其他主流框架的兼容性，以及框架所覆盖的深度学习算法规模、模型库规模等。

算法库是模型库的基础，框架覆盖的算法越多，应用端开发者调用起来越便捷。行业领先的框架 TensorFlow 几乎涵盖了当前深度学习的全部约 2000 种算法。百度飞桨官方建设的算法数量达到 270 余种。但是，算法存在明显的长尾现象。因此，有的框架开发者选择自建核心算法，而将非主流核心算法交给社区来开发完善。一流科技便采用了这种算法开发模式。

　　一流科技的深度学习框架开源后，凭借优异的单卡计算性能、分布式计算效率与单卡多卡间灵活延展的分布式易用性等方面的技术优势，迅速在人工智能芯片、互联网公司等人工智能核心生态中，提升了渗透率、影响力和品牌口碑。

五、生态建设与商业模式

　　底层科技的创新是一项"系统性"工程，特别是像深度学习框架这样起到人工智能操作系统作用的环节。框架向下关系到与底层硬件的兼容和适配，向上支撑着各类人工智能应用性算法的开发。因此，对于框架开发者而言，参与生态建设尤为重要。

　　2020年，华为认为深度学习框架领域仍存在"后发者"机会，将自研的深度学习框架昇思（Mind Spore）开源，并采取了一系列措施进行生态建设。例如，华为昇思与有大模型开发能力的机构合作，如与鹏程研究院合作开发盘古自然语言处理大模型，将处于基础层的深度学习框架与产业应用层建立更紧密的关联。此外，华为昇思借力多种使能模型，加强与行业用户的合作，推动行业新应用的落地，进而建立大模型产业集群，形成模型的复制和规模效应。除了一步一步向行业应用端渗透，华为昇思通过开设各项人才培育计划，参与高校人才培养，在高校开设专业课程，在科研院所的开发者人群中鼓励贡献智慧，共同开发模型、算子，并设立科研基金助力研究人员基于其框架发表文章，进行科研创新。在硬件方面，华为昇思与华为自研AI芯片昇腾深度绑定，实现了深度学习所需的算力支撑和硬件适配。

　　一流科技在推广框架的过程中，首先要触达的就是人工智能的核心圈层，主要包括框架的研发人员、科研人员、有训练大模型需求的大型科技公司、互联网公司、大型央企研究院、新兴研发机构、人工智能前沿科技创业公司等。这类用户对形成业界口碑有较大影响力。

针对核心用户层不同的人工智能能力和使用需求，一流科技对可自行使用开源框架的个体和公司，提供必要的线上技术支持。而对于自身相对缺乏人工智能基础环境搭建能力，同时又对框架的分布式、高性能有高需求的用户机构，一流科技则在操作系统、版本管理、数据导入等方面提供深度支持。后者也是一流科技现阶段主要的商业合作伙伴。

随着中美在科技领域的角力，以及由此而牵动的全球产业链重塑，以围绕"卡脖子"技术和前沿科技领域的科技创业企业迎来了"国产替代"的发展机遇。这一机遇从芯片等硬件领域，延伸至深度学习框架等各类基础软件领域。

与一流科技建立深度合作的典型机构包括：从事基础科研的国家省市级大型实验室，如智源研究院、之江实验室；具有科技战略意义的高性能计算中心，如国家超算中心、国防科大"银河"巨型计算机等；关系到国防安全的领域，如公安部、航天、船舶等数字化建设所需的算法框架。此外，近年中央企业进行数据中心建设的过程中，对于框架的国产自主可控有一定要求，因此，一流科技也获得了跟多家央企合作的机会。

提升框架的易用性和完备性，能够覆盖的人工智能用户群体也会扩大，特别是学生和小型科技公司这类群体。但是，仅提供深度学习框架，既难以满足大型机构的智能化升级需求，也难以让一流科技形成可持续的商业模式。

针对大型企业机构智能化转型的需求，一流科技从框架出发，推出了机器学习系统开发和系统部署（Machine Learning Operations，MLOps）产品一流大脑（OneBrain）。一流科技 OneBrain 产品化发展的逻辑是，从自身擅长的机器学习能力出发，与企业运营深度结合，满足传统企业向智能化方向发展所需的智能系统建设（如数据准备、模型预备、模型构建、模型部署到模型运维/监测等环节）的市场需求。

MLOps 是近年兴起的推动人工智能落地的工程化模式。以亚马逊云（AWS）和微软云（Azura）为代表的云服务厂商，纷纷通过各具特色的 MLOps 模式类产品，推广其云服务产品在传统企业客户智能化转型中的应用。

针对大型企业客户、中小型企业客户和 C 端用户不同的使用需求，对应着私有云/混合云部署和公有云部署等不同的业务模式。对于 C 端用户和小型科技企业类用户，公有云部署模式较为适宜。而大型机构用户一般会采用私有云或混合云的部署模式。

从深度学习框架技术，到人工智能基础设施产品，再到云服务的业务模式，一流科技已经初步跑通可以自己"造血"的商业发展逻辑。

六、竞争战略与产业投资机构的选取

落实到运营层面，受限于有限的资金和研发资源，一流科技需要根据不同细分市场的进入策略，把控好产品开发和业务推广两条腿走路的节奏。作为以技术出身的创业公司而言，业务推广一直是需要逾越的难关。如果优先开发大型商业用户，则对应着私有云部署的业务模式；如果优先开发小型商业用户和 C 端用户，则对应着公有云部署的业务模式。

选择不同的细分市场，意味着需要补齐不同的资源能力。例如，若要针对小型商业用户和 C 端用户，则需要与有算力资源的企业建立合作关系。

2022 年 4 月，袁进辉带着一流科技核心技术团队，在与一家从事 GPU 云算力服务的新三板上市公司蓝耘科技进行了合作会谈。

作为一家提供 GPU 云算力服务的公司，蓝耘科技掌握着一万余张 GPU 资源，建立了全球性计算节点。近年，随着人工智能的高速发展，对 GPU

的需求增长旺盛，蓝耘科技凭借"回本快、效益好"的业务模式，在2017年挂牌新三板。随着国内多层次资本市场以及转板机制的进一步成熟完善，蓝耘科技设定了新的发展目标：三年内实现十万张GPU的调度能力，为转板北交所以及在资本市场得到进一步的估值认可构筑核心能力。

蓝耘科技从事GPU销售十余年，也紧跟行业动态，深知大模型化的发展趋势，要实现从一万张GPU向十万张GPU的跨越，离不开多维并行调度的算法能力开发。但是，摆在蓝耘科技面前的挑战也是非常明确的——公司缺少高端研发能力。蓝耘科技在使用其云算力服务的客户那里发现，它们在使用一流科技的并行算法，于是，双方经共同意向投资人的引荐，有了洽谈合作的契机。

洽谈中，蓝耘科技创始人李健带着自己的骨干技术人员，在进一步了解了一流科技框架的技术细节之后，提出希望借助一流科技的框架技术，提升效能降低成本，从相对粗放的整张卡出租的销售模式，转变为结合特定场景和数据量的优化算力服务模式，价格降低，就可以扩展到学生、教师等C端用户群体。

除了C端的合作空间，双方还探讨了以联合体的方式参与数字中心等大型项目建设的竞标活动。蓝耘科技在十余年的行业深耕中，熟知商业项目招投标的流程，建立了GPU领域的规模优势，并将运营能力成功转化为成本优势；但是，在大型项目竞标中核心研发能力不足。一流科技在商业项目中也经常遇到来自百度、华为等综合型大公司的竞争压力。双方都认为，合作是双赢。

类似的商业合作洽谈，一流科技也在跟多家算力供应商进行。一流科技非常看重蓝耘科技在洽谈中表现出来的诚意，以及双方合作模式的开放性，这极大地降低了一流科技这样的技术创业团队在与成熟公司合作过程中被"消化掉"的可能性。

与美国由巨头公司主导的科技创新体系不同，中国的科技创新资源和团队很大比例来自高校和科研院所的转化。因此，创新团队和资源呈现相对分散和小体量的特征。随着科技成果进一步产业化应用的发展，创新资源的汇聚整合形成规模效益是必然趋势。

无论是像一流科技和蓝耘科技这样相对互补、对等的合作，还是创业团队被大公司兼并收购，都是在实践中经常出现的情况。对于游离于科技"大厂"之外的独立创业团队，要实现与产业资源的对接并非易事。即便是类似一流科技这样的明星企业，要找到匹配的产业资源，也面临着大量的搜索成本、谈判成本等经济学意义上的交易成本。

在实践中，风险投资机构，特别是对长期聚焦于特定产业生态的风险投资机构，在沿着产业链或依循产业生态圈搜索投资标的过程中，通过为投资标的匹配产业资源来锁定投资机会，某种程度上起到了将分散的创业主体与产业资源有机结合起来的"黏合剂"的作用。一流科技与蓝耘科技的洽谈，正是由对双方都感兴趣的产业投资机构居中"牵线"的。

对于一流科技而言，选择不同的细分市场，意味着要面对不同的竞争对手，也意味着要补足不同的资源能力，这也正是一流科技在引入下一轮股权投资机构的过程中，需要思考的重点。因为不同类型的股权投资机构，往往附带着不同的产业资源。

全球范围内，人工智能巨头在开源的环境中不断推动深度学习框架产品的融合与分化，不断推动人工智能的算法和产品向各行各业延伸与渗透。

亚马逊 AWS 在深度学习框架（MXNet）的基础上，与微软合作开发了更加注重效率和灵活性的深度学习框架接口（Gluon），该框架侧重于结合工业特别是物流行业的场景和需求。2021 年，微软亚洲研究院对标亚马逊 AWS 的 Gluon，推出面向工业用户的时空预测深度学习工具（FOST），行业场景包括网络基站流量预测、交通流量预测、电力输送预测等。

谷歌利用深度学习框架 TensorFlow 提升搜索的智能性，赋能新消费领域用户，并发布多款终端产品。2021 年的谷歌开发者年会展示了知衣科技使用 TensorFlow 训练的模型而构建的 3D 试衣功能，用户可以便捷地按图片来搜索风格类似的衣服，让设计师省去了制作实物服装样品的麻烦，从而节省时间和成本。模型的部署方面，利用 TensorFlow Lite 可以构建具备机器学习功能的原生移动应用，覆盖安卓（Android）和苹果操作系统（iOS）平台上的数十亿用户。

2021 年，Facebook 在 PyTorch 开发者生态大会上发布了其在医疗、音视频、生产等领域的应用案例。例如，支持英伟达开发医疗模型莫奈（MONAI），以及自然灾害预警模型。杜比（Dolby）实验室基于 PyTorch 强化其实时通话性能等。

国内同行的脚步也从没停下来。百度深度学习框架飞桨 PaddlePaddle 的多款典型应用案例在官网发布。例如，应用飞桨在电力行业端侧实现输电通道的可视化巡检。大恒图像基于飞桨以及飞桨语义分割库（PaddleSeg）研发新能源汽车电池隔膜质检模型，用于微小缺陷的质检。连心医疗基于飞桨开发上线"基于 CT 影像的肺炎筛查与病情预评估 AI 系统"等。

华为深度学习框架昇思配合其人工智能芯片昇腾，开发出多种使能应用。昇思框架支持了华为云、循环智能和鹏城实验室联合开发鹏程盘古 NLP 大模型、鹏程神农生物医药平台、中国科学院自动化研究所开发的紫东太初多模态大模型等。以大模型为平台，华为昇思进一步建立盘古产业集群、神农产业集群、多模态产业集群、遥感产业集群等大模型产业集群。

在国内外的强大竞争者中，一流科技的目标是成为深度学习框架的领导者，跻身全球前三。在数字化、智能化发展的大趋势下，在产业升级、自主可控的大背景下，有来自风险投资机构等伙伴的扶持，一流科技必不会成为硬科创企业创新创业之路上的"孤勇者"。

第二节　预判车网互动趋势，链宇科技围绕产业配套的进阶路径

一、车网互动的发展背景

新能源的崛起带来前所未有的机遇，同时也伴随严峻的挑战。风电、光伏等新能源的随机性和波动性较强，使传统电力系统难以继续依赖"源随荷动"的调节模式。此外，交通和工业电气化进程加快，负荷侧的用电总量迅速攀升，负荷特征的多样性和随机性增加了供需平衡的难度。要解决这一问题，关键在于发电侧灵活电源的建设和需求侧可调节资源的开发，而规模化的车网互动正是重要的突破口之一。

在技术框架上，电动汽车与电网双向互动（V2G），即车网互动指的是电动汽车与电网之间的能量和信息互动，能量流动既可以是单向的有序充电，也可以是双向的充放电。电动汽车拥有庞大的储能潜力和高度的灵活性，这使其可以在电力紧缺时向电网放电，而在电力富余时进行充电，从而实现电力系统的实时平衡，削峰填谷并缓解电网阻塞，保障电网的安全、经济和可靠供电。

规模化的车网互动依托新型电力系统、电力市场、数字电网等技术和政策环境，通过资源聚合商采用商业和技术手段，组织电动汽车用户并充分挖掘其负荷调节潜力，将其转化为电力商品，供给需要灵活资源的市场主体。在"双碳"目标驱动的新一轮能源革命背景下，规模化 V2G 的实现将显著增强电网在不确定性条件下的管理能力，促进新能源发电和新能源汽车产业协同发展，并推动相关产业链的升级，为实现能源安全和"双碳"目标提供有力支撑。

如图 2-1 所示，相较于传统储能电站，V2G 具有多维度优势。在容量规模方面，固定式储能规模依据装机规模确定，而新能源汽车保有量大，车

网互动未来能够达到电网 25%~50% 装机规模；在时间维度方面，固定式储能全天候工作，而新能源汽车 90% 以上时间处于停驶状态，车网互动可以实现灵活负荷；在空间维度方面，固定式储能只有固定的地点，而车网互动能够聚合多个地点的源荷，通过价格记录和聚合算法协调最优；在固定成本方面，固定式储能前期投入大，固定成本高，车网互动固定成本低，按计算可以达到度电三分之一以下；在安全风险方面，固定式储能涉及大量电池等，安全风险高，而车网互动失控概率远低于储能电站，易灭火。综上，大规模的分布式车网互动应用，能极大提高储能的经济性和发展速度。

图 2-1　固定式储能与车网互动对比

资料来源：链宇科技。

在政策端，峰谷/电力市场政策频出，也将助力 V2G 模式的发展。目前分时电价机制不断完善，峰谷价差持续拉大，进一步鼓励电动汽车用户参与削峰填谷；电力市场持续发展，虚拟电厂（VPP）业务快速涌现，峰谷差价套利、工商业侧电力管理的大幅降本增效成为可能。

2022 年 1 月，国家发展改革委、国家能源局等十部门印发《关于进一步提升电动汽车充电基础设施服务保障能力的实施意见》，指出要充分发挥动力电池的储能特性，探索推广有序充电、V2G 等形式，实现电动汽车与电网的协同互动。2023 年 5 月，国家发展改革委、国家能源局联合发布了《关于加快推进充电基础设施建设 更好支持新能源汽车下乡和乡村振兴的实施意见》，提出鼓励开展电动汽车与电网双向互动（V2G）、光储充协同控制等关键技术研究，探索在充电桩利用率较低的农村地区，建设提供光伏发电、储能、充电一体化的充电基础设施。落实峰谷分时电价政策，鼓励用户低谷时段充电。2023 年 5 月，国家发展改革委发布《关于第三监管周期省级电网输配电价及有关事项的通知》，该文件被视为 2015 年电力市场化改革后的里程碑式的文件，将辅助服务费用等单列出来，将使用户侧储能、虚拟电厂、增量配网等能赚不同输配电价差的钱的环节更受益。

2024 年 1 月国家发展改革委、国家能源局、工业和信息化部、市场监管总局发布《关于加强新能源汽车与电网融合互动的实施意见》，明确加快车网互动应用，力争 2025 年底前建成 5 个以上示范城市以及 50 个以上双向充放电示范项目。2024 年 9 月国家发展改革委等发布《关于推动车网互动规模化应用试点工作的通知》，要求全面推广新能源汽车有序充电，扩大双向充放电项目规模，同时："选取不少于 5 个发展基础好、政策力度大、带动效应强的城市及不少于 50 个 V2G 项目列入本次试点范围。"

这些政策的支持为车网互动提供了丰富的发展土壤，也为企业在"双碳"背景下把握 V2G 的机遇提供了有力保障。链宇科技正是在这一政策和市场环境下应运而生的，致力于推动 V2G 技术和产业应用的深度融合，为新能源革命和"双碳"战略的实施贡献力量。

二、始于领先的内部技术实力

在"双碳"目标推动的能源革命中，链宇科技抓住了车网互动带来的机遇，以强大的内部技术实力奠定了其在行业中的领先地位。链宇科技深度研究分布式能源场景复杂特性，全面挖掘用户侧源—网—荷—储—电力市场的潜在价值，是全球首家实现车网互动全系列技术产品部署并将成果产业化落地的企业。公司基于"AI 大模型 + 云边一体 + 物联网技术"，致力于成为国际领先的 AIGC 车网互动能源服务商。公司立志在"双碳"使命下，实现建筑—能源—交通的协同创新与变革引领。

链宇科技是清华大学欧阳明高院士团队在车网互动、房车网融合互动系统的唯一转化企业。欧阳明高院士不仅是链宇科技首席科学家，亦是中国科学院院士、清华大学学术委员会副主任、长江学者特聘教授，主持和参与了国家"十一五"至"十三五"期间的《新能源汽车》重点科技专项，是新能源战略的积极推动者和技术领军人。欧阳院士主持编制的《电动汽车科技发展"十二五"专项规划》，以及他获得的国家技术发明二等奖、中国汽车工业技术发明一等奖等荣誉，彰显了其在新能源领域的深厚积累和技术成就。

欧阳明高院士深度参与了我国节能与新能源汽车战略规划、技术研发、示范考核、国际合作及产业推进工作，并积极推动新能源学术和产业界发展。欧阳明高院士建立了清华大学新能源动力系统团队，不断开拓研究领域，从燃油车电控动力系统到新能源汽车电动动力系统，再到新能源科技氢能—储能—智能三位一体布局，建立起"新能源动力系统学"交叉学科领域。此外，欧阳明高院士积极探索全生命周期人才培养模式和"师生共创"的创新创业生态，建立了张家口氢能研究院、宜宾电池研究院、南京智能动力研究中心、深圳智慧能源中心四个技术与产业创新中心。其团队培育出一批学生创新创业高科技企业，创业企业市值和估值总和超 500 亿元，其中包括燃料电池领域的亿华通、电动汽车整车领域的哪吒汽车、电池系统领域的科易动力、动力电控领域的常州易控、卡车换电领域的智锂物联、电池智能化领域的昇科能源、储能领域的清安储能、车网互动领域

的链宇科技、氢能领域的海德氢能等知名企业。○

　　链宇科技的核心团队全部来自清华大学，具有扎实的学术背景和丰富的行业经验。公司创始人、董事长兼CEO秦宇迪，清华大学本科、博士，师从欧阳明高院士，是充换电行业十大杰出青年，当选中国公路学会交通能源融合发展委员会常务委员、中电联电动汽车充电设施标准化技术委员会委员、车网互动标准工作组成员、工业节能与生产协会理事等，参与多项充电、储能、车网互动等标准制定工作。面向车网互动式储能系统开展动力学机理和控制应用研究，曾作为第一作者和负责人获全国"挑战杯"学术科技竞赛特等奖、全国"挑战杯"创业大赛金奖等，获清华大学特等奖学金，发表SCI论文20余篇。联合创始人及CTO陈欢，清华大学博士，主导多项双向电力电子变换、综合能源管理、能源物联大数据等领域的技术研发与行业实践，现为中国工业节能与清洁生产协会综合能源系统专业委员会副主任委员。担任《IEEE Transactions on Transportation Electrification》等期刊独立审稿人，曾获IFEC 2018国际未来能源挑战赛全球第二名，已发表SCI/EI论文10余篇，授权专利多项。联合创始人及CPO王烁祺同样来自清华大学，是能源与动力、智慧微电网领域专家。福布斯亚洲30位30岁以下商业领袖之一，参与多项相关领域的国家标准和行业标准的制定，在光储充微网和车网互动领域拥有超过6年的研究和产业经历，主导多个地方政府和国央企重大项目的解决方案和实施建设。曾获国家奖学金、清华大学能源动力设计大赛一等奖，第一作者发表SCI论文十余篇、EI论文三篇、授权发明专利十余项。○

　　同时，链宇科技拥有强大的顾问团队和合作伙伴，清华大学教授孙凯与王贺武分别担任首席技术顾问和首席零碳顾问，这些顶尖顾问与合作团

　　○ 以上信息由链宇科技公司提供。
　　○ 以上信息由链宇科技公司提供。

队,共同推动链宇科技在 V2G 领域的持续突破。

凭借技术领先、团队卓越的优势,链宇科技深度参与并引领着车网互动和新能源革命的进程,为推进新型电力系统的建设、实现"双碳"目标提供了强有力的技术支撑。

三、链宇科技的核心优势

在 V2G 技术落地过程中,主要技术瓶颈包括汽车电池寿命(硬件)、双向充电桩技术(硬件)、电网调度能力(软件)等核心环节。链宇科技凭借在这些关键领域的全面布局和技术积累,展现出强大的市场竞争力。

硬件方面,链宇科技的优势在于基于高频脉冲充/放电算法的低温加热技术。公司产品凭借该技术同时涉足电池与充电桩两大领域:双向脉冲加热充电系统主要用于全气候双向充电桩,电机控制与加热一体化智能控制器则搭载在电动汽车三电系统中。

在充电桩端,链宇科技作为全球首个布局车网互动全技术链条的企业,公司率先实现了车网互动全周期电池安全管控、从电池算法到 VPP 全产品布局、全业务流程结算和全场景方案落地,也是全球少数具备 V2G 器件、模块、全系列充电桩/堆的全套前装生产能力的企业之一。据透露,目前国内掌握双向充电技术的企业不超过 10 家,大部分充电桩厂家仍然只有单向充电生产能力。此外,链宇科技背靠清华科研团队十多年的电池管理技术积累,拥有电池充放电管理算法、长寿命高安全算法等核心竞争力。同时链宇科技联合中国人民保险公司深圳分公司联合打造了首份商业车网互动电池保险,有效解决了车主担忧电池充放电导致贬值的核心痛点,具备市场竞争优势。

在车端,公司与主流车企及比亚迪等电芯厂、宁德时代等电池厂商开展长期合作,在电池优化方面具有更多储备技术与研发资源。在紧密合作下，公司技术更为领先，同时也为进一步拓展双向充电桩市场打下基础。

在软件方面，链宇科技全球首个推出 AIGC 房车网智慧能源管理平台，首创性地将新能源生成式 AI 大模型与时序 AI 负荷预测大模型融合，应用于各类新能源房车网微网系统。基于海量用户侧新能源知识库打造的智能引擎，能够实现针对不同客户需求的多层微网系统设计与规划。利用高效的 AI 预测与调度算法，实现复杂场景下多维度的节能、降碳与增效。平台全球首创的 EMOSS 能源管理优化支撑系统和 Load-FM 多源负荷预测基座，不仅在传统光储充系统中引入了空调、热泵等建筑可调负荷，还将外界天气和电力市场信息等接入，实现复杂场景的自适应调度与优化。

链宇科技以智能充电桩产品为基础，逐步积累了大量客户，并通过附赠的定制化平台为客户提供附加值。公司计划在未来硬件放量的市场条件下，凭借其平台优势进一步向虚拟电厂业务转型，推动更多企业参与需求响应和电力调节，赋能电力市场的灵活资源。

链宇科技参与国内车网互动领域全系列标准制定，支持全国多地政府车网互动一张网及虚拟电厂建设，并与壳牌联合建设首个车网互动创新场站和研发实验室，参与北美首例老旧小区智慧升级，建设东南亚首例车网互动有序升级场站等。目前，链宇科技已成为全球房车网技术方案落地场景最全、应用范围最广，并且 60kW 级和 120kW 级以上的大功率双向充放电设备出货量最大的企业。㊀

例如，在山东青岛，链宇科技建设了"氢岛"风—光—储—充—氢融合微网示范项目，集成风能、光伏、储能和氢能生产，通过零 C 云平台和微电网控制器实现协同控制。在北京，通过在长久物流部署 V2G 充电桩与能量管理平台，实现 V2G 新型储能替代与充放电示范运营，有效降低园区运营成本，赚取额外收益。在大湾区，链宇科技在多地部署 V2G 充电桩，

㊀ 以上信息由链宇科技公司提供。

支撑全国最大规模车网互动应用与深圳超充之城和虚拟电厂建设，实现多地车辆并网与南网跨区调峰。在上海，链宇科技联合丰田，在丰田中国技术中心建设全球首个多类型车网互动技术融合的系统级应用标杆。在重庆，链宇科技联合三峡绿动实现川渝地区首个大功率 V2G 并网应用与专有场站峰谷调节。以及与中建科工等合作伙伴，在北京、惠州、深圳、赣州、重庆等多地建设并落地房车网融合互动项目。

随着深圳市对 V2G 政策支持力度的增加，2023 年 5 月，链宇科技与深圳市政府签署了战略合作协议，建立了国家高技术产业创新中心的虚拟电厂平台，成功落地深圳首个楼宇型虚拟电厂示范项目。此外，链宇科技还在深圳开发了充电场站需求侧响应平台，项目覆盖了 5 座充电场站并参与了南方区域辅助服务市场，提高了用能效率和市场竞争力。深圳市持续出台利好政策以支持 V2G 规模化应用。2023 年初发布的《车网互动规模化应用与发展白皮书》以及《电动汽车充换电设施有序充电和 V2G 双向能量互动技术规范》为 V2G 技术发展提供了明确的技术架构和标准，为链宇科技的区域发展提供了强有力的政策保障。凭借领先的技术积累和政策支持，链宇科技在新能源、智慧能源管理及虚拟电厂等领域快速拓展，为"双碳"目标的实现及新型电力系统建设提供了重要支撑。

四、链宇科技云—边—端解决方案

链宇科技立足 10 余年的研发基础，打造独家"电池 + 电力电子 + 云原生"的技术平台，面向电动汽车全气候快充、光储充放一体化、工商业户用微网、车网互动 V2X 等场景，打造零 C 云智慧能源平台、云控 EMS 控制器、智能充电控制器、V2G 智能充电桩 / 堆、移动充电机器人等产品，形成"云—边—端"全站式智慧能源解决方案，让安全、智慧、低碳的能源使能千行百业、惠及千家万户。

链宇科技的产品组合从战略规划、技术研发到商业合作，均紧密围绕V2G的核心应用及行业需求。图2-2为链宇科技的发展历程。2021年，链宇科技公司总部顺利落座北京，获千万级天使轮融资，获批发明专利二十余项，参与四项国标/行标制定；2022年，公司在全国首次提出用户侧房车网全场景能源物联网解决方案，并在全国首个完成车网互动全系列技术产品部署，同年与壳牌、北汽新能源合作开发360kW级全气候超充桩亮相北京冬奥会张家口综合能源示范站；2023年，公司率先实现车网互动产业化示范，支持深圳全国最大规模电动汽车V2G入网项目，发起并成为大湾区车网互动产业联盟首批成员；2024年，发布全球首款AIGC房车网智慧能源管理平台，成为国内首家AIGC大模型技术赋能能源管理与新能源资产运营单位，参与住建部智慧低碳建筑工程技术创新中心建设与产业化落地，搭建全球首个V2G创新场站与车网互动研发实验室。

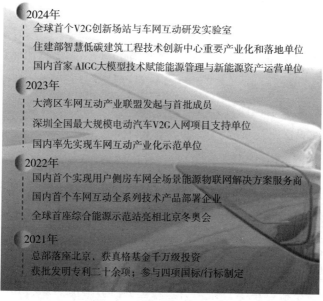

图2-2 链宇科技发展历程

资料来源：链宇科技。

链宇科技在技术应用层面提供了从工商业园区、家庭充电到大型充电场站与超充场站的全场景智慧能源解决方案。其 V2G 充电桩产品矩阵覆盖 7kW 至 1400kW 多种型号，能够适应多样化的充电需求，实现智能有序充电、灵活调度和人车桩网的协同交互，带来全新的新能源体验。全球首款房车网融合的零碳微网系统，结合了两大全球首创的 AI 大模型——新能源生成式 AI 大模型和时序 AI 负荷预测大模型。零 C 云智慧能源平台可连接光伏、储能和电动汽车等海量分布式资源，实现 AI 能流碳流的双向管理，优化本地能量的监控和调度，动态匹配供需，赋能电力市场服务。

链宇科技的核心竞争优势体现在三个方面。第一，公司具有行业顶级产学研资源，链宇科技源起清华大学院士团队，具有坚实宽广的理论知识、良好的实验条件和深厚的研究基础，可以灵活运用各学科的基本方法，进行学术交叉融合与发展。第二，公司拥有跨界的创新团队，能够引领产业的创新发展，核心成员均为清华大学博士，通过集聚顶尖科技创新人才，聚焦产业前沿技术，推出了多个行业领先、其他玩家跟随和模仿的技术方案。第三，公司能够实现场景矩阵覆盖，提供平台级产品支持，聚焦行业痛点，核心产品矩阵场景级部署，打造全套自研智能 V2G 系统，开启智慧能源新时代。

链宇科技凭借这些优势，荣获了多项荣誉奖励。公司曾获评国家高新技术企业、北京市科技型中小企业、中关村高新技术企业、AAA 级信用企业、2024 年中国充换电行业十大最具投资价值品牌。

链宇科技积极推进产业合作，打造车网互动的行业生态。2022 年，链宇科技与欧阳明高院士工作站、清华大学、壳牌等合作，在张家口建立了全球首座新能源综合示范平台，集成了链宇科技的脉冲加热功能模块，能够在 −20℃低温下为电动汽车动力电池提供快速加热保障。此后，链宇科技还与比亚迪、孚能科技等合作，为多款车型研发低温超充算法，进一步拓展了技术应用的广度。图 2-3 中为链宇科技部分合作伙伴。

图 2-3　链宇科技合作伙伴

资料来源：链宇科技。

在市场拓展方面，链宇科技积极响应深圳的 V2G 政策支持，将发展重心逐步转移至深圳。链宇科技在深圳建设了虚拟电厂平台，并完成了首个楼宇型虚拟电厂示范项目。同时，公司在深圳开展了充电场站需求侧响应运营平台项目，以总安装容量 37100kVA 的布局，提升了用能效率，并参与需求响应交易，为南方区域辅助服务市场提供支持。

链宇科技聚焦车网互动下的全气候智慧能源系统，形成了"云—边—端"全栈产品矩阵，为客户提供多功能、多场景的产品服务。

在"云"产品方面，链宇科技主要产品包括零 C 云智慧能源平台和零 C 云充小程序。零 C 云智慧能源平台可接入分布式光伏、储能、电动汽车等海量分布式资源，通过 AI 能流碳流双向管理，实现本地微网的能量调度与优化，通过聚合响应电力市场服务，实现能量的双向调度和供需动态匹配，为电网与用户带来收益。零 C 云充是配套零 C 云智慧能源平台的用户侧小程序，具有电站搜索、智能找桩、扫码充电、有序充电、V2G 等功能，基于云平台的 AI 优化算法，结合用户充电与用车需求，实现让用户通过爱车赚取收益，随时掌握爱车情况，体验爱车增值服务。

在"边"产品方面，链宇科技主要产品包括云控 EMS 控制器和智能充电控制器，如图 2-4 所示。链宇科技首款基于云原生架构的云控 EMS 控制器具有高算力、易定制、部署快、可靠性高等优点，是微网管理的"智慧大脑"、系统控制核心及数据交互枢纽，通过灵活接入所有终端设备，实现微网多能监控、削峰填谷、预测分析、能耗优化、云边协同等。智能充电控制器通过接收云中心的调度指令，让传统直流/交流充电桩升级为智能充电桩，有效响应电网调控指令，能够为充电运营商提供无忧安装与维保方案，让智能充电服务无处不在。

图 2-4　链宇科技"边"产品

资料来源：链宇科技。

在"端"产品方面，链宇科技推出了智能交流充电桩、V2G 智星堆、V2G 充电桩、全气候超充桩、F-Serpent 充电机器人等适用于多种场景的产品，如图 2-5 所示。智能交流充电桩基于无线通信模块与公有云/私有云平台实现信息互联，充电功率动态智能可控，可实现"无感有序"、人车桩网协同，可实现小区十倍以上柔性扩容，充电适配 99% 的车型，是居民社区/园区的优选慢充解决方案。V2G 智星堆是业界首款智能自适应 V2G 充放电堆，智星堆功率和终端个数可根据场景需求智能搭配，实现 V2G 模块分时复用，缩短产品回报周期。同时提供削峰填谷、动态增容、需求侧响应等服务，让用户赚取额外收益。V2G 充电桩可实现电动汽车与电网间的充放电，功率可选 15kW/30kW，面向工商业、户用等场景，可接入交流配电网（双向 AC/DC）和直流微电网（双向 DC/DC）。让电动汽车成为移动"充电

图 2-5 链宇科技"端"产品

资料来源：链宇科技。

宝"。360kW 级全气候超级充电桩，集成超级快充、低温脉冲加热、V2G、电动汽车检测等多种功能，在大功率快充站配合固定式储能，减少增容压力，实现峰谷调节，缩短成本回收周期。一桩多枪设计，同时满足多台车充电需求，多层安全防护，为用户提供优质体验。F-Serpent 充电机器人是连续体移动充电机器人在汽车充电领域的创新应用，F-Serpent 可实现空中轨道送枪—用户插枪—自动拔枪收枪的一站式充电作业新模式。模块化设计可智能化增减停车场机器人数量，实现车桩比动态调整，助力运营场站与车主的最大收益。

链宇科技的产品和解决方案为实现全气候智慧能源系统提供了有力支持，其云、边、端协同的全栈产品矩阵展现出卓越的市场竞争力。未来，链宇科技将继续深耕 V2G 技术应用，不断创新，助力能源和交通的协同发展，为"双碳"战略的实现贡献力量。

五、V2G的商业模式探索

V2G 作为非公共服务，其广泛推广离不开稳定且盈利的商业模式。实现有序充电或 V2X 的有效协作需要升级充电桩和配电网，而车网互动的收益则主要依赖峰谷电价差和电力市场回报作为经济激励。

从收益的构成来看，车网协同在不同应用场景中的收入来源各不相同。因此，针对各场景的成本效益进行分析至关重要。链宇科技基于对市场需求和自身技术优势的理解，设计了几种主要应用场景下的车网协同收益模型。

（一）负荷侧削峰填谷

电动汽车通过有序充电或电动汽车与楼宇双向充放电（Vehicle-to-Building，V2B），实现本地负荷的削峰填谷，收益主要体现在降低用电成本上。针对有序充电，电动汽车可通过在电价低谷阶段充电，降低用电成本；电动汽车通过 V2B 可在电价低谷充电，在电价峰值放电，实现峰谷差套利，进一步降低电力用户的用电成本。这些用电成本的节约，可视作电力用户或电动汽车负荷集成商的"收益"。

根据《中国电动汽车与电网协同的路线图与政策建议》测算，峰谷电价机制是激励电动汽车参与削峰填谷的前提，具体收益视峰谷电价差、电动汽车转移电量程度而异。理想情况下，对日均行驶里程 40km 的电动私家车用户，车辆百公里电耗 15kW·h，年均充电量约 2190kW·h，若有序充电，可将用户高峰时段/低谷时段充电电量比从 80%:20% 转变为 20%:80%，有序充电年度移峰电量为 1314kW·h。目前中国城市峰谷电价差集中在 0.3~0.6 元/kW·h，有序充电年收益为 394~788 元。V2B 的削峰填谷电量潜力取决于车载电池容量。例如，车载电池容量为 50kW·h，若 V2B 模式下保持电池 SOC 始终在 30% 以上，则电池日放电能力为 29kW·h，年收益为 3175~6351 元，明显高于有序充电转移电量收益。

值得注意的是，虽然 V2B 可带来更高的峰谷差价套利，但也意味着更高的投资与运维成本。据报告测算，在执行峰谷电价的地区，2020 年，有序充电参与削峰填谷的经济性较高，内部收益率达 23%，而 V2B 受电池衰减折旧影响较大，尚无商业模式。但在 2030 年，随着电池成本下降，基于 V2B 削峰填谷的内部收益率将大幅提升——高达 81%，远超有序充电 50% 的内部收益率。

（二）分布式光伏充电

在光伏技术成熟和组件成本不断下降的趋势下，"光 + 充"模式在国内部分地区已具备经济性。在工商业电价场所安装分布式光伏设备为电动汽车提供充电服务，不仅能够缓解电网负荷，还能降低电动汽车的用电成本，具有较好的商业推广前景。

与国际上居民分布式光伏技术快速发展所不同，中国居民侧屋顶光伏系统的开发潜力有限，仅在集中式充电站（如公交车充电站、公共充电站等）安装分布式光伏设备方面具备较大的潜力。在这些场景建设分布式光伏电站，可以降低电动汽车集中充电对电网的冲击，节省用户电费支出，同时利用光伏设备提供的清洁电力。若同处用户侧的电动汽车充电时间灵活可调，通过有序充电或者V2B措施，使电动汽车与分布式光伏电站发电时间匹配，可实现电动汽车与光伏发电在用户侧的直接协同，节省用户侧储能设施投入，提升分布式光伏设备利用率。

"光＋充"模式下的现金流收益为：利用分布式光伏充电的用电成本的节约。该成本的节约主要来自光伏平准化度电成本与目录电价之差（这里采用工商业目录电价），并去除有序充电或V2B的设备投入。根据报告测算，2020年由于有序充电或V2B前期设备投入成本较高，两种车网协同措施对"光＋充"模式经济性的改善程度并不明显。2030年有序充电的经济性开始凸显，特别是有序充电能够更好地匹配光伏出力与电动汽车的充电负荷，但V2B（与"光储充"模式相近）因受电池衰减和设备投入影响较大，经济性有限。

（三）调频辅助服务

为维护电力系统的安全稳定运行，发电企业、电网经营企业和电力用户提供电力辅助服务。在我国，电力辅助服务具体包括一次调频、自动发电控制（AGC）提供的二次调频、调峰、无功调节、备用、黑启动等。虽然一次调频和AGC均属于调频服务，但在中国的辅助服务机制下，一次调频为无偿的基本服务，仅AGC服务具有补偿。为鼓励发电企业提供AGC服务，各区域均颁布了《并网发电厂辅助服务管理实施细则》和《发电厂并网运行管理实施细则》(简称"两个细则"),对调频辅助服务的考核与补偿做出了规定。国内不同地区辅助服务定价机制及价格水平各不相同,导致各地电储能参与调频辅助服务的收益水平有所差异,如目前山西、内蒙古、广东等地电网侧储能参与调频已显现出经济性。

根据报告测算,假设调频服务补偿价格为 5 元 /MW,收益水平延续目前水平(未来调频收益有可能会比预测更高)。2020 年,电动汽车以有序充电方式参与调频已经具备经济性;而到 2030 年,随着 V2G 前期投入成本的下降,特别是考虑到调频服务具有单价高、频次多的特点,电动汽车参与调频具有较明显的经济性。

(四)需求响应

需求响应指电力用户针对价格信息或激励机制做出响应,改变自身用电模式的市场化参与行为。电动汽车参与需求响应可对电力系统起到削峰填谷的作用:在供电紧张时,限制部分电动汽车充电,降低部分电动汽车的充电功率,或允许电动汽车向电网反向送电,从而降低负荷高峰时段电网供电压力;在负荷低谷时段,鼓励电动汽车充电,从而提升负荷低谷时段电网利用水平。

电力需求响应的激励水平取决于目前的补偿机制。以江苏省为例,根据《江苏省电力需求响应实施细则(修订版)》(江苏省经济和信息化委员会 2018)的规定,对通过需求响应临时性减少(错避峰)的可中断负荷,按其响应类型和响应速度试行可中断负荷电价,其中,实时需求响应调控时间超过 2 小时,电价标准为 15 元 /kW;对通过需求响应临时性增加(填谷)的负荷,促进可再生能源电力消纳,执行可再生能源消纳补贴,其中约定响应谷段可再生能源消纳补贴为 5 元 /kW,平时段补贴为 8 元 /kW。

电动汽车参与需求响应的收益主要基于响应功率和响应频次。测算结果如下，随着电池成本的下降，电动汽车以 V2X 方式参与需求响应的收益率将不断提升，在 2030 年将有望超越有序充电。

（五）小结

电动汽车与电网协同存在多种应用场景，但这些应用的经济性水平各异。在不考虑现行市场机制不完善、市场准入要求高、技术阻碍多的情况下，本节对比了 2020 年、2030 年电动汽车有序充电和 V2X 在各种应用场景下的内部收益率。

对比有序充电和 V2X：由于目前电池成本较高，加之 V2X 对电池寿命可能产生影响，目前 V2X 的经济性普遍偏低。2030 年后，随着电池成本的下降，V2X 的经济性将快速得到改善。特别是 V2X 可能提供的充放电电量比有序充电更多，所以，当克服设备投入成本、电池折旧成本后，V2X 能够提供更多的经济收益。

近期削峰填谷经济性较高，特别是基于有序充电的削峰填谷已具备一定经济性。在 2030 年以后，调频开始具有更高的市场价值。受发布频次的影响，需求响应的经济性略低于削峰填谷和调频。以上结果说明，在当前中国电力市场与电价水平下，削峰填谷具有更可观的经济性，这与国际上调频普遍具有更高的经济价值有所区别。值得注意，削峰填谷的经济性基于终端峰谷电价机制，但国内仍有很多地区尚未采用峰谷电价。

链宇科技在 V2G 应用领域深耕布局，通过对各场景下车网互动商业模式的探索，致力于推动电动汽车从单一能源消费终端向多功能电力资产的转型，实现双向互动的商业价值最大化。

第三节 预判新材料趋势，中复神鹰完善制造和治理的进阶路径

一、困境之思："黑色黄金"的落后和探索

碳纤维（Carbon Fiber）被称为"黑色黄金"和"材料皇冠上的明珠"，是由聚丙烯腈（PAN）（或沥青、粘胶）等有机纤维在高温环境下裂解碳化形成的含碳量高于90%的碳主链结构无机纤维。碳纤维具备出色的力学性能和化学稳定性，密度比铝低、强度比钢高，是目前已大量生产的高性能纤维中具有最高比强度和最高比模量的纤维，具有质轻、强度高、模量高、导电、导热、耐腐蚀、耐疲劳、耐超高温、热膨胀系数小等一系列其他材料所替代不了的优良性能，碳纤维的主要性能特点如表2-1所示。碳纤维在航空航天、风电叶片、体育休闲、压力容器、碳/碳复合材料、交通建设等领域广泛应用，是国民经济发展不可或缺的重要战略物资。

表2-1 碳纤维的主要性能特点

性能特点	概况
强度高	抗拉强度在3500MPa以上
模量高	弹性模量在230GPa以上
密度低，比强度高	密度是钢的1/4，是铝合金的1/2；比强度比钢大16倍，比铝合金大12倍
耐超高温	在非氧化气氛条件下，可在2000℃时使用，在3000℃的高温下不熔融软化
耐低温	在–180℃低温下，钢铁变得比玻璃脆，而碳纤维依旧具有弹性
耐酸、耐油、耐腐蚀	能耐浓盐酸、磷酸等介质侵蚀，其耐腐蚀性能超过黄金和铂金，同时拥有较好的耐油、耐腐蚀性能
热膨胀系数小，导热系数大	可以耐急冷急热，即使从3000℃的高温突然降到室温也不会炸裂

资料来源：《中复神鹰碳纤维股份有限公司首次公开发行股票并在科创板上市招股意向书》。

碳纤维的历史可以追溯到19世纪的英国和美国。19世纪70年代末，英国化学家斯万以棉纱制备碳纤维，用于制作白炽灯的灯丝。1892年，爱迪生取得了碳纤维长丝制备发明专利。尽管作为白炽灯的灯丝，碳纤维已经开始崭露头角，但其在社会其他方面的应用还没有大规模开始。特别是，这一时期的碳纤维，质量、性能都和现在有较大差距，使用过程中容易断裂。由于制备工艺复杂且成品强度较低，因此并未得到广泛的关注和应用。此后大约50年的时间里，碳纤维的技术发展基本停滞。20世纪50年代，随着火箭、航天及航空等领域对高性能材料的需求越来越迫切，美国空军基地（Wright Patterson）以黏胶纤维为原材料，制备出应用在火箭尾喷管的耐高温、强度高的高性能碳纤维材料。1959年，日本大阪工业试验所以聚丙烯腈（PAN）为原料成功制备碳纤维，这是碳纤维发展史上的重要标志性事件。1962年，日本碳公司逐渐开始生产低模量聚丙烯腈基碳纤维。自此，碳纤维逐渐开始商业化和工业化。[1]1970年，日本东丽公司与美国联合碳化物公司签署技术合作协议，后者以碳化技术交换前者的聚丙烯腈原丝技术，并很快生产出了高性能PAN基碳纤维，从而把美国带回了碳纤维技术的前沿。[2]

21世纪以来，随着技术成熟，成本下降，碳纤维下游应用迅速扩展，覆盖到航空航天、体育用品、油气开发、风力发电、压力容器等多个领域。

20世纪60年代，由于碳纤维的国防需求，我国开始研究碳纤维技术，受限于自身知识储备不足，日本、美国等国家对碳纤维核心技术形成垄断，我国碳纤维生产技术和装备水平整体明显落后，在较长一段时间内的发展止步不前，无法满足国家重大装备等高端领域的需求，碳纤维产业发

---

[1] 产经圈，《碳纤维的发展简史》。
[2] 挪恩复材，《碳纤维的前世今生》。

展面临很大的挑战。进入 21 世纪，我国加大对于碳纤维领域自主创新的支持力度，将碳纤维列为重点研发项目，碳纤维技术的研发和产业化进程开始提速。○

二、突破之源："纺织工匠"的坚韧和奉献

面临我国碳纤维产业的巨大困境，纺织行业的"老兵"张国良挺身而出。张国良先生在纺织机械领域深耕四十余年，长期以来专注于产品研发和技术创新，在纺织机械、碳纤维、碳纤维成套装备、碳纤维制品、纺织品等方面有突出贡献。张国良先生作为主要完成人带领公司获得国家科学技术进步一等奖、全国化纤行业"十二五"最具创新技术突破奖等荣誉，先后荣获何梁何利基金科学与技术创新奖、中国纺织工业技术奖特别贡献奖（桑麻学者奖）、俄罗斯国家工程院"格里什曼诺夫"金奖等荣誉，被授予全国五一劳动奖章，获得全国机械工业劳动模范、全国优秀科技工作者等荣誉称号。○

1982 年，张国良毕业于武汉理工大学，被分配到连云港纺织机械厂工作。作为厂里为数不多的大学生，他潜心钻研业务，很快成长为技术骨干。1992 年，在工厂经营不善、濒临倒闭之时，他临危受命担任厂长，果断瞄准市场需求开发新产品力挽狂澜。2001 年，他带领连云港纺织机械厂进行股份制改造，成立连云港鹰游纺机集团。经过数十年的深耕积累，张国良带领鹰游实现了从小厂向高新技术企业的华丽转型。○

2005 年 3 月，当时身为全国人大代表的张国良在会议期间了解到碳

○ 产经圈，《碳纤维的发展简史》。
○ 中复神鹰碳纤维股份有限公司，《中复神鹰碳纤维股份有限公司首次公开发行股票并在科创板上市招股意向书》。
○ 江苏省科协，《【科技英才】张国良：做中国人自己的碳纤维》。

纤维是国家安全、武器装备急需的关键战略物资，而掌握这项技术的少数国家长期实行技术封锁，严重影响了国家的经济建设和国防发展，张国良萌生了投身碳纤维产业化之路的想法。㊀张国良认为，碳纤维的生产原理与腈纶的生产工艺有相通之处，可以认为是"无瑕疵"的腈纶，再将原丝经过碳化就得到了最终产品。然而，要真正做到"无瑕疵"和实现稳定的碳化过程，面临没有设备、没有技术的现状，张国良和他的团队只能自主创新。㊁

张国良团队核心技术人员共有 6 人，分别为张国良、陈秋飞、席玉松、金亮、连峰、郭鹏宗。中复神鹰核心技术人员背景情况如表 2-2 所示。

表 2-2 中复神鹰核心技术人员背景情况

姓名	职务	背景
张国良	董事长、总工程师	机械制造及其自动化专业博士，教授级高级工程师，技术总负责人，对公司大容量聚合与均质化原液制备技术、高强/中模碳纤维原丝干喷湿纺关键技术、PAN 纤维快速均质预氧化碳化集成技术等科技创新内容做出贡献
陈秋飞	副总经理	教授级高级工程师，项目技术总负责人，对大容量聚合与均质化原液制备技术、高强/中模碳纤维原丝干喷湿纺关键技术等科技创新内容做出贡献
席玉松	副总经理、核心技术人员	教授级高级工程师，项目成套技术工业示范装置建设的参与者，对 PAN 纤维快速均质预氧化碳化集成技术、构建具有自主产权的千吨级干喷湿纺高强/中模碳纤维产业化生产体系等科技创新内容做出贡献
金亮	副总经理、董事会秘书	高级工程师，多项关键技术和装备的研发负责人，对高强/中模碳纤维原丝干喷湿纺关键技术、构建具有自主产权的千吨级干喷湿纺高强/中模碳纤维产业化生产体系等科技创新内容做出贡献

㊀ 郭春花，《鹰游集团：以科技创新保障碳纤维产业体系自主可控》。
㊁ 中工网，《工匠汇·第一批中国纺织大工匠 |"碳痴"——张国良》。

(续)

姓名	职务	背景
连峰	副总经理	材料科学与工程博士,教授级高级工程师。作为项目技术负责人和执行人,对高强/中模碳纤维原丝干喷湿纺关键技术、PAN纤维快速均质预氧化碳化集成技术等科技创新内容做出贡献
郭鹏宗	总经理助理、技术部部长	高级工程师,从事干喷湿纺碳纤维预氧化碳化技术研发,碳纤维表面研究和技术开发,干喷湿纺碳纤维在压力容器、碳/碳复合材料、航空航天等领域应用开发,高强/中模及高模碳纤维技术及产品开发等

资料来源:《中复神鹰碳纤维股份有限公司首次公开发行股票并在科创板上市招股意向书》。

2005年9月,张国良正式启动"九二九"工程,开始碳纤维技术攻关。2006年,中复神鹰碳纤维股份有限公司(简称"中复神鹰"或"公司")前身连云港神鹰新材料有限责任公司(简称"神鹰新材料")成立。2007年,中复神鹰实现产业化生产的第一批碳纤维下线;2008年建成了千吨SYT35(T300级)碳纤维生产线。2010年10月,"千吨规模T300级原丝及碳纤维国产化关键技术与装备项目"获得中国纺织工业协会科学技术奖科学技术进步一等奖。⊖

干喷湿纺工艺被认为是碳纤维生产的主流工艺,但也是碳纤维行业公认的难以突破的纺丝技术,目前在国际上仅有东丽等少数公司掌握这一工艺。2009年,张国良联合东华大学启动干喷湿纺碳纤维技术攻关。项目立足自主创新,突破国外技术封锁,开发了大容量聚合与均质化原液制备技术,攻克了高强/中模碳纤维原丝干喷湿纺关键技术,自主研制了PAN纤维快速均质预氧化和碳化技术。这一关键技术的突破使得纺丝速度可以达到400m/min以上,纺丝速度是传统湿法纺丝的5倍,同时还开发出干

⊖ 中复神鹰碳纤维股份有限公司,《中复神鹰碳纤维股份有限公司首次公开发行股票并在科创板上市招股意向书》。

喷湿纺原丝快速预氧化技术，有效缩短了预氧化时间，大大提高了生产效率。[1] 2012 年，中复神鹰自主突破干喷湿纺千吨级 SYT49（T700 级）碳纤维产业化技术，"干喷湿纺千吨级高强/百吨级中模碳纤维产业化关键技术及应用"项目获得了 2017 年度国家科技进步一等奖。[2]

三、成长之基：公司治理机制的强大内力

2006 年，江苏奥神集团有限责任公司、连云港鹰游纺机集团有限公司合作成立连云港神鹰新材料有限责任公司（中复神鹰前身）。2007 年，中国建材集团下属中国复合材料集团有限公司入股；2010 年 12 月，中国复合材料集团有限公司收购 6% 股权；2014 年，中国建材集团下属中建材联合投资有限公司再次入股。截至 2023 年 6 月末，中国复合材料集团有限公司、中建材联合投资有限公司分别持有中复神鹰股份 24.11%、33.16%，中国建材集团为中复神鹰实际控制人。连云港鹰游纺机集团有限公司持有中复神鹰 26.67% 的股权，张国良担任中复神鹰董事长。碳纤维属于技术和资金密集型行业，前期投入力度大，回报周期长且风险高，中国建材集团控股后主要为中复神鹰的碳纤维研究开发提供各项资金支持，这对于正处于发展前期的碳纤维企业帮助极大。公司第二大股东为鹰游集团，为公司提供碳纤维生产设备，有利于形成协同作用。张国良长期担任中复神鹰董事长一职，技术、研发等企业管理具体事宜由张国良为首的创始人团队负责。

回溯中复神鹰的成长发展道路，中国建材集团的入股写下了浓墨重彩的一笔。通过对关系国民经济命脉的重要行业和发展潜力大的民营企业进

---

[1] 东华大学本科招生，《东华大学第三代碳纤维研究者——"硬核女科学家"陈惠芳》。
[2] 中复神鹰碳纤维股份有限公司，《中复神鹰碳纤维股份有限公司首次公开发行股票并在科创板上市招股意向书》。

行股权投资，保持国有资本的控股地位，可以有效保障国家产业和经济安全。央企控股和创始人团队管理的公司治理结构，既具备灵活的管理体系，又具备雄厚的资金实力，解决了碳纤维这种资金密集型企业的后顾之忧。通过优化双方的决策权分配，保持公司对市场的敏感性，从而使得中复神鹰在关键技术突破、重大战略布局方面走在行业前沿。实现了国有资本和民营资本的优势互补，开辟了国企和民企合作的新模式。

四、竞争之矛：技术优势持续加深护城河

PAN 基碳纤维原丝是生产高品质碳纤维的技术关键，原丝品质缺陷，如表面孔洞、沉积、刮伤以及单丝间黏结等，在后续加工中很难消除，将导致碳纤维力学性能的下降。根据纺丝溶剂的选择、聚合工艺的连续性、纺丝工艺等，原丝制备可以分为不同的工艺类型。根据纺丝溶剂的选择，包括二甲基亚砜（DMSO）、N, N- 二甲基乙酰胺（DMAc）、硫氰酸钠（NaSCN）等不同的溶剂类别；根据聚合工艺的连续性，可以分为一步法、两步法；根据纺丝工艺，可以分为湿法和干喷湿纺法。其中，纺丝工艺的选择及控制为稳定生产高性能原丝的关键因素。碳纤维的核心技术为原丝制备技术，经过长期的技术研究和工程化实践，国际上形成了湿法纺丝和干喷湿法纺丝两种原丝制备工艺。干喷湿纺工艺有效结合了干法和湿法，在纺丝速度和原丝性能方面均具有明显优势。⊖

2009 年公司开始进行干喷湿纺技术攻关，2013 年在国内率先突破了千吨级碳纤维原丝干喷湿纺工业化制造技术，建成了国内首条千吨级干喷湿纺碳纤维产业化生产线。2015 年，公司实现了高强/中模型碳纤维百吨级工程化，2017 年建成了具有完全自主知识产权的千吨级 T800 级碳纤维生产

⊖ 中复神鹰碳纤维股份有限公司，《中复神鹰碳纤维股份有限公司首次公开发行股票并在科创板上市招股意向书》。

线。2019年实现SYT65（T1000级，QZ6026标准）百吨级工程化，实现了连续稳定运行，项目总体技术达到国际先进水平。随着技术升级及品质提升，生产出T700级、T800级、T1000级碳纤维产品，覆盖高强、高模中强、高模高强等不同类别的高性能碳纤维，奠定了公司在国内碳纤维领域的领先地位。

公司碳纤维生产采用二甲基亚砜（DMSO）一步法干喷湿纺纺丝工艺，分为原丝制备、碳丝制备两个阶段，其中原丝制备包括聚合、纺丝工段，碳丝制备包括预氧化、碳化工段。公司原丝、碳丝生产流程分别如图2-6、图2-7所示。

总体看，中复神鹰通过不断的技术研发，已突破超大容量聚合、干喷湿纺纺丝、快速均质预氧化碳化、纤维表面处理和上浆剂等核心技术工艺，系统掌握了碳纤维T300级、T700级、T800级、M30级、M35级千吨级和M40级、T1000级百吨级技术，并在T1100级高性能碳纤维关键制备技术、干喷湿纺48K大丝束关键制备技术、万吨级产业化技术等核心技术上持续突破；在万吨级产业化技术上，系统性掌握了碳纤维全流程工艺技术与生产装备的集成技术，并在全套装备智能管理系统、能源监控系统、碳纤维智能仓储系统等关键产业化技术上有了实质性突破，取得了一系列的技术成果和产业化经验。中复神鹰建成了航空级预浸料生产线，目前已经完全掌握了增韧树脂和T800级航空预浸料生产技术。中复神鹰主要核心技术如表2-3所示。截至2023年6月，公司累计已取得40项发明专利、141项实用新型专利、1项外观设计专利。[1]

---

[1] 中复神鹰碳纤维股份有限公司，《中复神鹰碳纤维股份有限公司2023年半年度报告》。

表 2-3 中复神鹰主要核心技术

序号	主要核心技术
1	超大容量聚合关键技术
2	高强/中模碳纤维原丝干喷湿纺关键技术
3	快速均质预氧化碳化关键技术
4	干喷湿纺千吨级高强/百吨级中模碳纤维产业化关键技术

资料来源:《中复神鹰碳纤维股份有限公司首次公开发行股票并在科创板上市招股意向书》。

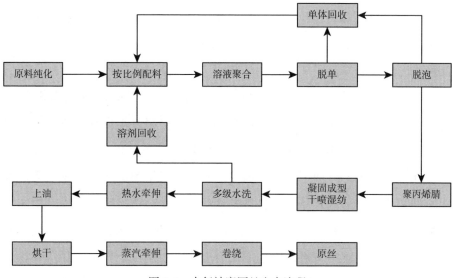

图 2-6 中复神鹰原丝生产流程

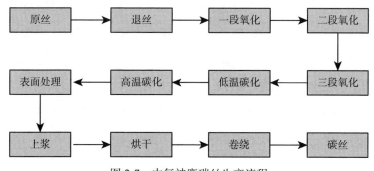

图 2-7 中复神鹰碳丝生产流程

在主要工艺技术方面，公司研发了干喷湿纺纺丝原液聚合物配方和制备技术、大容量 60m³ 专用聚合釜和匹配聚合工艺，实现了单套 5000t/a PAN 原液的稳定化、均质化制备和精细化控制；研发了干喷湿纺凝固成型核心技术、高压蒸汽高倍牵伸技术和多纺位均质纺丝技术，成功实现了高取向、低缺陷、高品质 PAN 原丝的高效制备，纺丝速度达到 450m/min，单线规模达到 5000t/a；研发了干喷湿纺高性能碳纤维高效预氧化技术、快速均质碳化技术，高强型碳纤维和中模型碳纤维性能与国际同类产品相当，单线规模达到 3000t/a。2023 年，公司研发了干喷湿纺大丝束原丝制备技术及其大容量高效氧碳化技术，成功制备出干喷湿纺 T700 级 48K 大丝束碳纤维，产品性能与国际同类产品相当，产品兼顾了小丝束的工艺性能和大丝束的低成本优势；研究开发了碳纤维微观缺陷控制技术，实现 T1100 级碳纤维的成功制备。公司还研究摸索出拉伸强度与拉伸模量性能同步提升方法，实现了高强高模（M35X、M40X）制备技术的开发。⊖

在产业化技术方面，公司在国内率先实现了干喷湿纺碳纤维的关键技术突破，建成了国内首条具有自主知识产权的千吨级干喷湿纺碳纤维产业化生产线；在国内率先实现了高性能 T700 级、T800 级碳纤维万吨规模化生产。中复神鹰是国内碳纤维行业龙头企业，在技术、产能、产品及市场应用上均有绝对优势。公司 T700 级及以上产品系列在国内市场已连续多年保持市场占有率 50% 以上，其中在国内储氢气瓶领域占比达 80%，碳/碳复合材料领域占比达 60%。2023 年，公司在国内首个万吨级干喷湿纺碳纤维产业化技术基础上，围绕智能化再升级、生产效率再提升、能源利用更高效等方面，开展西宁二期 1.4 万 t 产业化技术的升级，并顺利投产，公司总产能达到 2.85 万 t，产能规模跃居世界第三，生产规模和产业化技术达到国际领先水平；西宁项目 DMSO 新购料占总使用量的比例 ≤ 3.5%，单位原丝

⊖ 中复神鹰碳纤维股份有限公司，《中复神鹰碳纤维股份有限公司 2023 年半年度报告》。

DMSO 消耗量≤65.5kg/t 原丝，优于日本东丽公司控制水平（≤67kg/t 原丝，即国际先进水平）。㊀ 目前，公司已经完全掌握了增韧树脂和 T800 级航空预浸料生产技术，建成 T800 级碳纤维航空级预浸料生产线，实现了该领域应用技术的突破。㊁

第四节　预判技术趋势的硬科创进阶关键因素总结

一、一流科技进阶关键因素总结

回溯一流科技的发展历程，可以发现其创业契机源于创始人袁进辉博士对外部技术趋势的预判。基于多年人工智能前沿领域的求学和任职经历，袁博士深刻认识到深度学习框架作为人工智能开发基础设施之一的关键性，以及人工智能技术如果要渗透到千行百业，必须以更高的效率、更低的门槛，增强与上下游产业的嵌入性（见图 2-8）。

一流科技在应对大模型的框架核心技术——分布式计算方面重点发力，将对技术趋势的超前识别内化为领先独特的技术优势。从本书的分析框架来看，如图 2-9 所示，是从第三象限的"外部技术"走向第二象限的"内部技术"。

内部技术的迭代需要紧密结合外部商业环境。从外部金融环境来看，一流科技在创业阶段，人工智能底层技术赛道被资本看好，但是创业团队仍需和投资机构就具体技术趋势预判进行大量的沟通，才能找到认同技术理念的投资机构。一流科技引入快手系投资人成为其天使投资人，并得以在快手平台上迭代其闭源测试版框架。随后，一流科技借力风险投资机构

㊀ 西部证券，《2023 年中复神鹰研究报告：展"技术 & 成本"双翅，雄鹰逆风翱翔》。
㊁ 中复神鹰碳纤维股份有限公司，《中复神鹰碳纤维股份有限公司 2023 年半年度报告》。

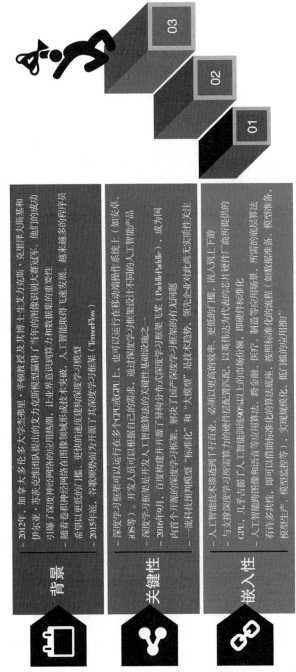

图 2-8 一流科技之外部技术环境

第二章　预判技术趋势的进阶路径与关键因素　63

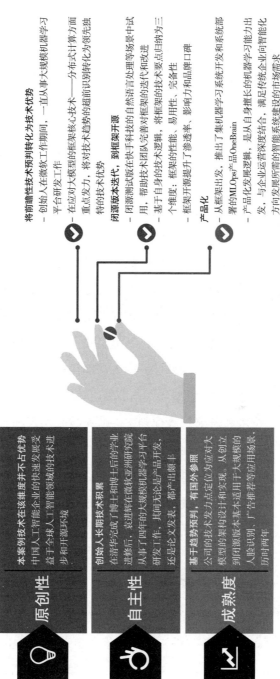

将前瞻性技术预判转化为技术优势

- 创始人在微软工作期间，一直从事大规模机器学习平台研发工作
- 在应对大模型的框架核心技术——分布式计算方面重点发力，将对技术趋势的超前识别转化为领先独特的技术优势

闭源版本迭代，到框架开源

- 闭源测试版在快手科技的自然语言处理等场景中试用，帮助技术团队完善对框架的迭代和改进
- 基于自身的技术逻辑，将框架对性能、易用性、完备性、个维度：框架的性能、易用性、完备性
- 框架开源提升了渗透率，影响力和品牌口碑

产品化

- 从框架出发，推出了集机器学习系统开发和系统部署的MLOps产品OneBrain
- 产品化发展逻辑，是从自身擅长的机器学习能力出发，与企业运营深度结合，满足传统企业向智能化方向发展所需的智能系统建设的市场需求

原创性

本案例技术在该维度并不占优势

中国人工智能企业的快速发展受益于全球人工智能领域的技术进步和开源环境

自主性

创始人长期技术积累

在清华完成了博士和博士后的学业进修后，长期在微软的大规模机器学习研究院从事十四年的大规模机器学习平台研发工作，其间无论是起产品开发，还是论文发表，都产出颇丰

成熟度

基于趋势预判，有国外参照

公司的技术发力点定位应对大模型的架构设计和实现，从创立到闭源版本开发，基于大规模模型的人脸识别、广告推荐等应用场景历时两年

图 2-9　一流科技之内部技术能力

的资金支持，实现版本的开源，提升框架的渗透率、影响力，在核心用户群体中建立品牌口碑。2016 年前后，以一流科技为代表的深度学习框架等各类基础软件领域企业，迎来了国产替代的机遇。无论是对于从事基础科研的国家省市级大型实验室、具有科技战略意义的高性能计算中心、关系到国防安全的领域，还是央企数据中心建设，框架的国产自主可控均是必备条件。外部政策环境从相对保守稳健，变得更加有利于企业的快速发展（见图 2-10）。

基于外部商业环境和资源，一流科技积极构建内部商业能力。

首先，借助外部风险投资机构的资金和国际化网络资源，在全球性科技论坛和大会上推介其框架，并招募高端科技人才。能从底层掌握分布式技术的高级人才非常稀缺，且分布在全国乃至世界各地。为了能最大化地聚合高端稀缺人才，在办公地点和工作时间上采用了灵活方式，尊重人才的自主选择。在研发人员构成方面，一流科技一半的人员是专职的工程师团队，从事底层软件的开发，另外一半人员是国内外的实习生团队，主要协助完成大量的应用方案、模型和文档等表层开发工作。

此外，基于技术和需求趋势预判，一流科技采用跟随者的技术创新战略，在行业领先者尚无实质性重视的大模型方向重点发力。一流科技充分融入全球化的研发体系，获得研发加速度。在竞争战略方面，一流科技聚焦于深度学习框架，进行研发和产品化；将技术优势延伸到产品化，依据竞争优势选取匹配的细分市场（见图 2-11）。

二、链宇科技关键成长因素小结

在国家大力推进"双碳"政策和电动汽车渗透率日益提高的经济社会背景之下（外部商业），链宇科技依托清华大学十余年自主原创研究成果，形成了 V2G 软硬件全域产品（内部技术）。伴随产业链相关配套环节和行

第二章 预判技术趋势的进阶路径与关键因素 65

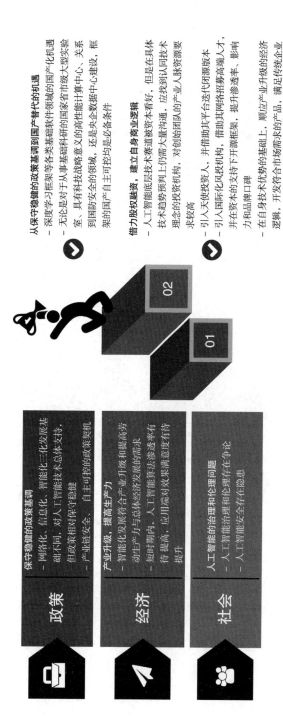

图 2-10 一流科技之外部商业环境

图 2-11 一流科技之内部商业能力

业标准体系的逐步成熟（外部技术），链宇科技的商业战略和组织模式正处在不断探索和调整中（内部商业）。

（一）外部技术：V2G 具有多维度优势，须推动产业配套发展

在外部技术层面，V2G 的推广还面临着一些客观的限制和阻力。其关键的底层算法技术无法独立存在，必须依托于其他环节的技术成熟度和整个产业的支持。因此，链宇科技亟须通过打造标杆客户和成功案例，推动上下游各环节的深度参与，共同构建一个完善的产业价值链。同时，行业标准体系也亟待进一步完善，以推动 V2G 的规范化和大规模应用。

1. 关键性：核心技术在于软件算法层

链宇科技的核心竞争力在于其软件算法技术，但其实际应用依赖于产业链其他环节的技术成熟度。V2G 的直接参与方包括车主、电网和资源聚合商，而电池、整车、充电桩等硬件企业以及相关软件公司则为支撑性产业。相较于拥有硬件成本优势的上游企业和客户资源丰富的下游聚合商，链宇科技在产业链中的话语权相对薄弱。

在支撑环节，产业配套尚不完全成熟。①电池环节：双向充放电会加速电池的寿命衰减，虽然测算表明到 2030 年随着电池成本下降，V2G 的经济性将大幅提升；②整车环节：车网互动对整车技术保障的要求较高，充放电引起的电池衰减尚未在电池质保中明确，这使得多数车企对 V2G 持观望态度，通常不向个人用户开放双向充电功能；③充电桩环节：现有充电桩支持车网互动的仅占市场总量的 10.3%，其配套率仍较低。

在价值传导机制上，直接参与方的利益链条尚须进一步疏通。①电网：电能量市场和辅助服务市场可为电动汽车的灵活性提供交易场所，但现有电力市场机制与产品不足以持续激励电动汽车参与灵活资源配置；②车主：换电站、公交快充站和园区慢充站具备较好的车辆调控潜力，但公用快充

站的调控潜力受限且获利空间较小；③资源聚合商：市场准入门槛较高，须获得不同地区的市场主体资格，存在一定的牌照壁垒，不利于链宇科技的发展。

2. 嵌入性：相关产业的技术配套尚不完全成熟

链宇科技的核心软件算法技术嵌入在"车—桩—网"通信架构中，技术的广泛应用依赖于标准体系的进一步完善。①车网互动标准体系：当前充放电控制原理、通信协议、并网技术要求等方面的标准尚不完善，这些标准对于硬件层面的发展至关重要；②通信协议标准：还须进一步规范负荷集成商与需求响应平台、电网调度机构、电力交易机构等的通信协议，以保障平台间的信息交互。

作为一家 V2G 创业公司，链宇科技须打通电网、政府、用户等多重资源，并与车企、电池厂商等市场主体建立长期合作，以奠定资源基础。首先，从电网端来看，V2G 应用涉及诸如二次调频、爬坡等高频、实时的辅助服务，这要求企业必须符合电网的网络安全技术要求，通过正反向隔离装置等专用设备接入电力调度系统。掌握电网资源是链宇科技拓展资源聚合业务的关键。其次，从政府端来看，参与不同省份的电力市场需要满足各地的市场主体资格要求，部分市场还未对企业开放，V2G 的盈利能力与地方政策密切相关。最后，从用户端来看，电动汽车用户的行为不确定性较大，如入场时间、充电起始时间、拔枪时间等均影响其调节能力，链宇科技须关注用户引导和交互体验。同时，通过与车企、电池厂商合作，可降低用户的电量和电池寿命焦虑，这对于扩大用户群体、抢占 2C 市场尤为重要。

（二）内部技术：云—边—端一站式解决方案，技术竞争力强

链宇科技的技术具备高度的自主创新性。依托丰富的数据积累，这些技术不断成熟并展示出强大的市场潜力。

1. 原创性：核心技术源自清华大学院士团队

链宇科技的核心技术源于清华大学欧阳明高院士团队，将"电池算法＋电力电子＋云原生"核心专利技术整合为"BEC-Link 技术平台"。这一平台不仅解决了 V2G 应用中的电池衰减监测和管理难题，也为工商业园区、家庭、充电场站等多种场景提供智慧能源解决方案。链宇科技的 V2G 充电桩产品覆盖 7kW～120kW 多种型号，能够满足不同的充电需求，实现智能化的有序充电、感知交互与灵活调度，代表了新一代的新能源架构。

2. 自主性：形成 V2G 软硬件全域自研产品

依托清华大学十余年的研究积累，链宇科技已打造出覆盖 V2G 软硬件全领域的自研产品体系，将"电池算法＋电力电子＋云原生"的核心专利技术产品化，通过"BEC-Link 技术平台"实现 V2G 车载电池的健康管理和衰减控制。链宇科技的产品组合不仅能够覆盖不同的充电场景，还能够动态适配需求，真正给出了智能有序、交互灵敏、调度灵活的多功能一体化解决方案。

3. 成熟度：积极开展 2B 端业务，推动技术商业化

链宇科技目前将重点放在 2B 端业务的拓展，并在全国多个区域开展示范性项目，逐步实现 V2G 应用的规模化推广。由于有效的资源识别和调控依赖于海量数据，链宇科技在各类示范项目中积累的数据也为其技术优化提供了支撑。目前车网互动仍处于试点阶段，为实现高效的 V2G 应用，链宇科技正不断深化对多类型电动汽车用户和不同场站资源的调控能力分析，并优化成本管理。

（三）外部商业：经济政策优势提供 V2G 发展机遇

在"双碳"目标推动下，新型电力系统的挑战和电动汽车渗透率的提

高为 V2G 带来了广阔的应用前景。链宇科技正是在此背景下诞生的，致力于将 V2G 技术的潜力转化为现实。

1. 经济：车网互动为电动汽车带来绿电消纳与收益

要让电动汽车与电网的协同成为一种普及的选择，需要切实可行的商业模式。V2G 的经济性来源于不同场景下的收益机制，为车主和电网带来双赢可能。例如，通过有序充电或 V2X 模式的双向充放电，车主能够在电价低谷充电、高峰时段放电，从而节省用电成本或获取峰谷价差收益。V2G 参与全网的辅助服务（如调频和需求响应）还能获取不同市场提供的补偿收益，这种多元化的盈利模式无疑为 V2G 模式的发展提供了经济支撑。

2. 社会：V2G 模式助力电网供需平衡

在"双碳"战略的推动下，电网逐渐呈现出"双高"特征，即高比例新能源接入和高比例分布式能源，这使得电网在供需平衡方面面临前所未有的挑战。尤其是随着电动汽车渗透率的上升，对电网峰值负荷的冲击加剧。据预测，2030 年，电动汽车的无序充电可能使电网峰值负荷增加超 1.5 亿 kW。V2G 模式则为这种供需平衡带来了解决方案：电动汽车既可以在电力短缺时为电网反向输电，也可以在电力充裕时吸纳富余电力。根据南方电网的估算，2030 年中国电动汽车的车载储能容量可达 52 亿 kW·h，相当于每日全国总用电量的四分之一，这将成为电网调峰的重要储备。

3. 政策：政策推动下 V2G 步入快速发展期

政策的支持为 V2G 发展奠定了重要基础。2022 年，国家发展改革委等部门发布了《关于进一步提升电动汽车充电基础设施服务保障能力的实施意见》，明确鼓励智能有序充电，推动 V2G 技术的创新和试点示范。与此同时，多个省份加快开放配网侧资源参与电力市场，鼓励储能、电动汽车等新兴主体加入需求响应和现货交易。这种多层次、多样化的电力市场机制为 V2G 带来了更广阔的商业空间。尤其是在深圳等政策领先地区，V2G 和虚拟电厂建设的政策阻力相对较小，为行业快速发展提供了沃土。

（四）内部商业：着力打造公司多维"软实力"

作为一家初创的技术型企业，链宇科技不仅需要在技术上保持领先，更需要在战略、人才和企业家精神等非技术层面打造多维"软实力"。这将为链宇科技的持续发展和市场竞争力提供长远支撑。

1. 战略：围绕车网互动，打磨全气候智慧能源系统

链宇科技致力于建立一个覆盖"云—边—端"的全栈产品体系，为客户提供多功能、多场景的智慧能源解决方案。然而，公司在战略层面仍须结合行业趋势和自身资源，做出前瞻性的规划。具体来说，需要从供应链管理、市场定位、竞争策略和盈利模式多个维度进行优化。

供应链管理：公司的核心技术在算法层面，而交付的产品形态中硬件占据了成本的较大比重，因此硬件成本管控对于公司的中长期竞争力至关重要。支持车网互动的充电桩与传统充电桩的生产工艺平台基本相通，而传统的充电桩行业已经培育了成熟的供应链体系，形成了规模效应。对于公司来说，如何选择硬件生产的合作伙伴，如何在合适的时机进行自主生产都是需要深入思考的。

市场定位：V2G 涉及的市场参与主体众多，不同地区的电力市场机制存在差异，不同场景下的业主方的利益诉求也存在差异，需要进行广泛的市场调研和深入的需求挖掘。公司早期标杆客户可以"自上而下"进行推动，而未来面向地方政府、园区等客户则需要更为体系化的市场和销售体系。

竞争策略：公司核心技术在于 V2G 软件系统，需要搭载在充电桩、整车等硬件平台上，目前虽然自产硬件或者外购，但是未来不排除充电桩企业如特来电，以及主要的整车企业会进行软件系统自研，并凭借硬件产品

上的规模优势对公司形成挑战。公司需要打造自身综合竞争力，在核心技术之外构建非技术护城河，如数据积累、客户网络效应、品牌口碑等。

盈利模式：公司目前主要作为软硬件的提供商，只能获取一次性销售和维保的收入，收入的可持续性和客户黏性都较低，且不利于数据积累和产品迭代。链宇科技可以探索合同能源管理模式，并参与到运营中，与资源聚合商进行收入或利润分成。后一种模式的前期投入较大，但更容易打造长期可持续的盈利模式。

2. 人才：团队技术学术科研导向强，须注重团队人才优势互补性

链宇科技的创始团队成员均为清华大学博士，具有深厚的学术科研背景，但团队在市场、管理和业务拓展能力上的互补性较弱。随着公司业务拓展，链宇科技需要逐步丰富团队结构，引入管理、市场开发等多方面的人才，构建多元化的能力梯队。

V2G 行业与政府政策密切相关，而市场接受度也受制于电网企业、车企和用户的认可。链宇科技须重视市场拓展与商业开发，以更全面的人才配置增强市场拓展核心能力。此外，通过与车企、电池厂商的技术合作，减轻用户对电池寿命的焦虑，可进一步扩大受众群体、强化公司在 2C 市场的潜力。

3. 企业家精神：从科研工作者到企业家

链宇科技团队的成长需要从"科研型"向"企业家型"逐步转变。创业的核心在于创新，而创新的关键是将科研成果转化为市场价值。链宇科技在初创期遇到的客户开拓与技术落地问题，正是从科研到产业转化中不可避免的"死亡谷"。创始团队必须适应从基础研究到产品开发再到市场开拓的转变。

在成长过程中，团队需要面对市场竞争和行业内不断变化的挑战，

尤其是作为年轻团队，链宇科技在取得首批合作订单后，进一步拓展了市场基础，与国网电动、比亚迪、壳牌等企业达成合作，在多个城市落地光储充微电网、智慧能源车网互动等项目，为企业未来的规模化扩张奠定了基础。

选择与坚持：在创业初期，选择正确的方向至关重要，而一旦确立了方向，坚持走下去就成为决定成败的关键。链宇科技从学术向产业过渡，必然经历阵痛，创始团队需要沉着应对，锻造破釜沉舟的决心。

避免"技术至上"思维：链宇科技团队须克服"技术为王"的惯性思维，避免陷入"技术主义"误区，忽视对市场需求的洞察。它需要将技术与市场结合，识别真正的市场痛点，以确保科技成果转化的精准方向。

构建异质能力：创业之路充满不确定性，科技成果的市场化需要团队具备产品运营、市场营销、公共关系建设等多元能力。通过完善团队结构，链宇科技将更好地驾驭从技术到市场的复杂转型，推动V2G技术在更大范围内的应用落地。

三、中复神鹰进阶关键因素总结

中复神鹰的发展历程，可以说是民营企业和国有企业在关系国计民生的关键领域的合作典范。张国良作为深耕纺织机械领域四十余年的"纺织工匠"，深刻认识到碳纤维作为国民经济发展不可或缺的重要战略物资的关键性作用。而且，碳纤维在航空航天、风电叶片、体育休闲、压力容器、碳/碳复合材料、交通建设等领域广泛应用，我们自己必须突破碳纤维关键技术，实现整个产业链的有效嵌入（见图2-12）。

中复神鹰在应对碳纤维的核心技术——干喷湿纺工艺方面重点发力，将对技术趋势的深刻理解内化为自主可控的技术优势。干喷湿纺工艺被认为是碳纤维生产的主流工艺，也是碳纤维行业公认的难以突破的纺丝

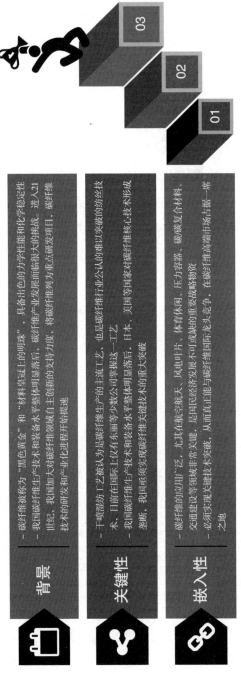

图 2-12 中复神鹰之外部技术环境

技术，目前在国际上仅有东丽等少数公司掌握这一工艺。2009年，张国良联合东华大学启动干喷湿纺碳纤维技术攻关。项目立足自主创新，突破国外技术封锁，开发了大容量聚合与均质化原液制备技术，攻克了高强/中模碳纤维原丝干喷湿纺关键技术，自主研制了PAN纤维快速均质预氧化和碳化技术。这一关键技术的突破使得纺丝速度可以达到400m/min以上，纺丝速度是传统湿法纺丝的5倍，同时还开发出干喷湿纺原丝快速预氧化技术，有效缩短了预氧化时间，大大提高了生产效率。从本案例的分析思路来看，是从第三象限的"外部技术"走向第二象限的"内部技术"（见图2-13）。

从外部融资环境来看，碳纤维属于技术和资金密集型行业，前期投入力度大，回报周期长且风险高，因此，中复神鹰在成立后不久，就引入中国建材集团下属企业，此后，中国建材集团下属企业数次增资入股，中国建材集团也成为中复神鹰实际控制人。中国建材集团看好中复神鹰创始团队的技术优势和发展潜力，控股后为中复神鹰的碳纤维研究开发提供各项资金支持，这对于正处于发展前期的碳纤维企业帮助极大。而张国良控制的鹰游集团为第二大股东，为公司提供碳纤维生产设备，有利于形成协同作用。张国良长期担任中复神鹰董事长一职，技术、研发等企业管理具体事宜由张国良为首的创始人团队负责。此后，中复神鹰发展进入快车道，借助股东的背景和资金等资源支持，2012年突破干喷湿纺千吨级SYT49（T700级）碳纤维产业化技术。

在产业发展方面，受产业政策、碳纤维下游需求增长的正向影响，碳纤维产业发展前景值得期待。根据广州赛奥的《2022全球碳纤维复合材料市场报告》，2022年全球碳纤维需求量约13.5万t，同比增长14.4%。国内需求量达到7.44万t，同比增长19.3%。根据智研咨询的《2023年中国碳纤维行业发展现状》，在我国碳纤维应用市场中，风电叶片、体育休闲及碳/

产业技术积淀促使技术优势转化
- 创始人长期以来专注于纺织领域产品研发和技术创新,在纺织机械、碳纤维、碳纤维成套装备、碳纤维制品、纺织品等方面有突出贡献
- 面对技术封锁,张国良认为,碳纤维的生产原理与腈纶的生产工艺有相通之处,可以认为是"无限大"的腈纶,再将原丝经过碳化就得到了最终产品

产学研合作助推技术突破
- 2009年,张国良联合东华大学启动干喷湿纺碳纤维技术攻关,攻克了高强/中模碳纤维原丝干喷湿纺关键技术,自主研制了PAN纤维快速均质预氧化和碳化技术。这一关键技术的突破使得纺丝速度可以达到400m/min以上,纺丝速度是传统湿法纺丝的5倍,同时还开发出干喷湿纺原丝快速预氧化技术,有效缩短了预氧化时间,大大提高了生产效率

原创性
产学研合作实现突破
通过与领域内知名高校合作进行技术攻关,实现突破

自主性
创始人长期相关产业技术积累
创始人在纺织机械领域深耕四十余年,积累了丰富的技术、人才和管理资源

成熟度
基于趋势预判,对标国际行业龙头
公司成立之后快速发展,瞄准碳纤维技术难点,对标国际行业龙头,突破技术封锁

图 2-13 中复神鹰之内部技术能力

碳复合材料领域合计应用占比达 75.4%，处于高景气阶段。根据国家能源局数据，2023 年上半年国内风电新增装机量 22.99GW，同比增长 78%，风电叶片大型化、轻量化需求高速增长进一步拉动碳纤维市场需求。根据中国光伏行业协会数据，2023 年上半年国内光伏新增装机量 78.42GW，同比增长 154%，碳/碳复合材料作为光伏领域的热场耗材，其需求急剧增长进一步拉动碳纤维市场需求上涨。近年来，在全球能源转型驱动和"双碳"战略及能源改革大背景下，碳纤维在氢能领域的应用需求也在同步上涨。根据东丽公司发布的中期管理计划项目 AP-G2025（Medium-Term Management Program Project AP-G2025）的预测，随着对绿色能源的需求增长，2022~2025 年全球压力容器用碳纤维复合年增长率高达 42%；2025 年，在压力容器领域，碳纤维需求量预计接近 4 万吨（见图 2-14）。

在外部商业环境友好和资源充足的背景下，中复神鹰积极整合内部商业能力，如图 2-15 所示。

最重要的是，张国良作为中复神鹰创始人和技术团队核心人员，充分展现了拼搏奋进的企业家精神。作为深耕纺织机械领域四十余年的"老兵"，张国良于 2005 年了解到碳纤维是国家安全、武器装备急需的关键战略物资，而掌握这项技术的少数国家长期实行技术封锁，随即萌生了投身碳纤维产业化之路的想法。而且，面临没有设备、没有技术的现状，张国良和他的团队自主创新、实现突破。

另外，基于对标国际龙头的勇气，中复神鹰采用挑战者的技术创新战略，向碳纤维的主流生产工艺发力。在竞争战略方面，中复神鹰聚焦于碳纤维技术突破，并不断扩大产能和下游应用空间，将技术优势不断延伸，持续加深护城河。

78　硬科创进阶

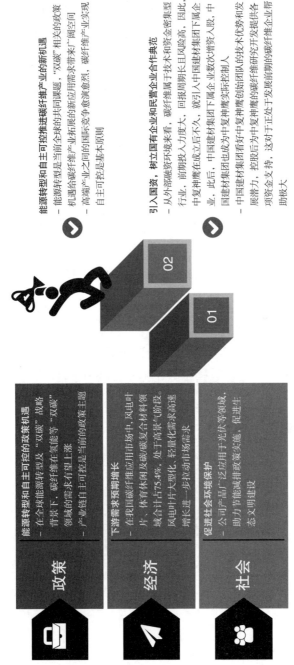

图 2-14　中复神鹰之外部商业环境

政策

能源转型和自主可控的政策机遇
- 在全球能源转型及 "双碳" 战略背景下，碳纤维在氢能等 "双碳" 领域的需求有望上涨
- 产业链自主可控是当前的政策主题

经济

下游需求预期增长
- 在我国碳纤维应用市场中，风电叶片、体育休闲及碳碳复合材料领域合计占75.4%，处于高景气阶段，风电叶片大型化、轻量化需求高速增长进一步拉动市场需求

社会

促进社会环境保护
- 公司产品广泛应用于光伏等领域，助力节能减排政策实施，促进生态文明建设

01

能源转型和自主可控推进碳纤维产业的新机遇
- 能源转型是当前全球的共同课题，"双碳" 相关的政策机遇给碳纤维产业拓展新应用需求带来广阔空间
- 高端产业之间的国际竞争愈演愈烈，碳纤维产业实现自主可控是基本原则

02

引入国资，树立国有企业和民营企业合作典范
- 从外部融资环境来看，碳纤维属于技术和资金密集型行业，前期投入力度大，回报周期长且风险高，因此，中复神鹰在成立后不久，就引入中国建材集团下属企业，中国建材集团也成为中复神鹰数次增资入股、中复神鹰实际控制人
- 中国建材集团看好中复神鹰创始团队的技术优势和发展潜力，控股后为中复神鹰的碳纤维研究开发提供各项资金支持，这对于发展前期的碳纤维企业帮助极大

第二章 预判技术趋势的进阶路径与关键因素

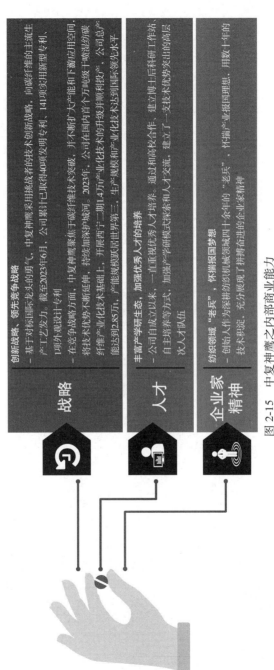

图 2-15 中复神鹰之内部商业能力

CHAPTER 3

第三章

掌握核心技术的典型进阶路径

　　2024年11月5日，在第十四届全国人民代表大会常务委员会第十二次会议上，中国人民银行行长潘功胜在国务院关于金融工作情况的报告中指出，"引导金融资本投早、投小、投长期、投硬科技"。掌握自主性、原创性和行业关键性技术的专家和高层次人才，在逐步实现硬科技成果商业转化的进阶之路上，离不开风险投资、耐心资本等金融支持，更需要推动技术要素市场化改革等积极有利的政策环境，以逐步提升早期阶段技术与外部技术环境和上下游产业配套的嵌入性，在不断完善技术成熟度的同时，获得"造血"能力。

　　本章精心选取三个硬科技领域的典型案例，包括：在氢能路上"百折不挠"的先进储氢技术开拓者氢阳能源，高举第三代人工智能大旗的瑞莱智慧，以及破除数据要素流通"堰塞湖"的某隐私保护计算技术供应商。

本章的三家硬科创企业走上创业之路的出发点都源自本书"硬科创进阶四象限"分析框架的另一个共同象限——"内部技术能力"。从掌握自主性、原创性技术这一共性起点硬核出发，在"外部商业环境""内部商业能力"以及"外部技术环境"其余三象限，围绕政策红利、公众认知和行业技术标准演进等关键因素，走出了各自的进阶路径。

第一节 掌握储氢领先技术，氢阳能源借助政策红利的进阶路径

一、一波三折的氢能发展

氢能的发展历程跌宕起伏，历经多次起落。由于 20 世纪 70 年代的石油危机和气候变化带来的压力，美国率先提出"氢经济"构想，设想以氢能源替代石油，成为未来主要能源之一。1974 年，国际氢能组织在美国成立，标志着氢能研究迈出了国际化的第一步。

21 世纪初，美国再次加大氢能研发投入，推动氢能产业走向新高峰。然而，2008 年金融危机引发的经济动荡，加上石油价格下滑，氢能的发展再度遭遇瓶颈，进入低谷期。直到 2014 年，丰田推出量产型燃料电池车，这一里程碑事件极大程度地推动了氢能商业化进程，随后多国纷纷发布氢能发展战略。中国于 2019 年将氢能基础设施建设写入政府工作报告，将氢能明确划入能源范畴，并逐步列入国家战略性新兴产业。

在氢能领域深耕三十余年的程寒松教授见证并参与了这一发展过程。1982 年，他毕业于武汉大学化学系，随后考入吉林大学理论化学研究所，开始了他的氢能研究生涯。20 世纪末期，当美国氢能应用尚未起步时，程寒松便加入了全球氢气销售巨头 Air Products & Chemicals 公司，这家企业

与 NASA 已有 50 年合作，为航空航天提供液氢。然而，当时液氢成本极高，每千克约 100 美元，促使公司开始尝试设计更经济的储氢材料。

1991 年，程寒松获得普林斯顿大学博士学位后，继续在 Air Products & Chemicals 公司担任高级研究员，正式投入储氢材料设计。他起初尝试通过物理吸附方式储氢，但吸附量和储存容量始终不理想。2004 年，布什政府宣布推动氢燃料电池汽车及氢能供应设施建设，并计划投入 12 亿美元资助相关研究。美国能源部邀请程寒松博士与其他科学家共同成立"碳基储氢材料中心"，程寒松担任首席科学家，主攻分子设计，旨在开发能与石油基础设施兼容的液态化学吸附材料。同年，程寒松被聘为中国地质大学（武汉）特聘教授，兼任理论化学与计算材料科学研究所所长。

尽管研究初期进展顺利，美国的储氢材料研究却在 2009 年遭遇瓶颈。当时的美国能源部部长朱棣文对氢能的实际应用存疑，认为氢能大规模应用需跨越四大难题：氢能供应的充足性、安全高效的储运、燃料电池的寿命和成本、基础设施的完备性。由于氢能应用挑战重重，美国许多氢能项目被搁置，氢能研究再次从高峰跌落。

2009 年，程寒松选择回国，继续他的储氢材料研究，同年入选中国"千人计划"第二批学者，落户中国地质大学，专注于储氢实验研发。同时，他还受聘于新加坡国立大学，担任副教授，持续拓展其在氢能研究领域的国际合作。

二、科学家归国，终寻得理想的"储油"材料

程寒松教授回国后，在氢能技术的研究上获得了广阔的探索空间。自此，他在氢能领域钻研更深，逐步实现了他关于氢气"储油化"的设想，成为氢能储运领域的突破性推动者。回国后的程教授以第一作者或通讯作者身份在国际期刊发表了 360 余篇 SCI 论文，申请和授权国际专利 170 余项，

其中不少技术已被德国宝马、美国联合技术公司、美国西北太平洋国家实验室、Air Products 等国际巨头商业化应用，年收益超 6000 万美元。

十年间，程教授受邀在美国化学化工年会、材料科学年会等国际大会上发表演讲，并在哈佛、普林斯顿、日本京都大学、奥地利维也纳大学等国际顶尖学府做学术报告，逐渐成为氢能领域的国际领军人物之一。经过不懈努力，程教授目前是中国地质大学（武汉）可持续能源实验室主任，曾获武汉市"黄鹤英才""城市合伙人"等称号，并出任中国氢能产业技术创新及应用联盟的首任理事长。

这些学术成就和荣誉，源于程教授对氢能储运技术的 5 年攻关：2010~2014 年，他成功预测并验证了储氢放热的可逆特性，找到适宜的"储油"材料，并以此为基础创立了武汉氢阳能源有限公司（以下简称"氢阳能源"），意在推动这项全球领先的技术在中国率先实现商业化应用。

氢阳能源成立之初，程教授便着手打造高水平的科研与管理团队。公司现有 130 余名员工，其中博士 8 人、硕士 23 人，团队成员具备丰富的科研与管理经验，为氢阳能源的技术创新和快速发展提供了坚实支持。公司董事陈宏教授是国家"千人计划"特聘专家，拥有深厚的学术和管理背景，现专注氢能市场与投资方向；副总经理兼董事会秘书夏智勇则具有丰富的运营管理经验，负责公司采购、知识产权、人力资源等核心业务；技术总监杨明为中国地质大学（武汉）教授，拥有"金山英才"等称号，主导开发了一系列具有商业化前景的液态有机储氢材料。这些核心成员的专业背景与管理能力，为公司稳步推进氢能产业化发展提供了重要支撑。

氢阳能源的液态有机储氢技术，被视为氢能储运领域的一大创新突破。氢气的特点是能量密度低且易燃易爆，因此一直以来，如何在高效、安全的条件下储存和运输氢气是产业发展的核心难题。目前氢气的主流存储方式包括高压气态储氢、低温液化储氢和储氢材料储氢，但前两者由于成本和安全性问题无法实现广泛应用。氢阳能源的液态有机储氢技术有效地解决了这些问题，使氢气能在常温常压下储运和加注，并与现有石油化工基础设施兼容。这项技术通过特定的液态芳香族化合物作为储氢载体，使氢气在催化作用下以化学键的形式与载体结合，形成稳定的氢化物，到达用户端后释放氢气用于能源应用。脱氢后的载体可反复循环使用，并且载体性质稳定、低毒、不易燃不易爆。这一技术方案具有完全自主知识产权，氢阳能源已在国内外申请或获批相关专利80余项，进一步巩固了其在该领域的技术领先地位。

凭借这项技术的创新，氢阳能源获得了多项行业荣誉与认可。2017年公司入选"千企万人"支持计划，2018年被评为武汉市科技小巨人和高新技术企业，2019年被列入武汉市上市后备"金种子"企业，2021年被认定为湖北省科技成果转化中试研究基地，2022年凭借"大容量高安全液体有机储氢关键技术与应用"项目，氢阳能源获得湖北省技术发明奖（见图3-1）。这些荣誉不仅是对氢阳能源在储氢技术创新上取得成果的肯定，也进一步巩固了公司在氢能行业的领先地位。

图 3-1 公司荣誉资质

在氢能产业链的创新实践中，氢阳能源以丰富的科研积累和强大的技术团队为基础，逐步建立了在国内外氢能市场的竞争优势。通过攻克氢气储运的核心难题，氢阳能源不仅带动了中国氢能技术的发展，还在全球氢能领域中开辟了一条独特的发展路径。

三、氢阳能源的定位与商业布局

氢阳能源有限公司自 2014 年 7 月成立以来[⊖]，在程寒松教授的领导下，始终专注于常温常压液态有机储氢技术（简称 LOHC 技术）的研发和应用推广，图 3-2 为氢阳能源公司发展历程。公司定位明确，致力于成为氢能产业技术创新的领导者，并力争在 3~5 年内实现常温常压液态有机储氢技术的实用化，目标是为氢燃料电池、氢内燃机以及化工用氢企业提供高质量的氢源供应。为加快产业化，氢阳新能源控股有限公司成立了全资子公司武汉氢阳能源有限公司，专注于这一核心技术的产业应用。目前，氢阳能源已形成了以常温常压液态有机储氢技术为核心的完整产业链，从"储油"材料、加/脱氢催化剂、氢油、储供氢系统到加氢站、燃料电池系统，构建了纵向一体化的产品和服务体系。

在公共交通领域，氢阳能源与云南电网、中船重工、三环集团等企业合作，推出了基于常温常压液体储氢技术的备用电源、氢燃料电池汽车及物流车，成功实现了液态有机储氢技术在公共交通中的应用。为进一步巩固产业链，公司还在湖北宜都建设了年产 100 万 t 的"储油"生产线和年产 1 万 t 的催化剂生产线，并在北京、上海、南京等城市积极开展氢能应用示范项目。2021 年，氢阳能源与中国化学工程集团合作，在北京房山建成全球规模最大的液态有机氢能产业示范基地，展示了从高温垃圾转化制氢到

⊖ 2014 年 7 月至 2017 年 5 月曾用名"江苏氢阳能源有限公司"。

第三章 掌握核心技术的典型进阶路径 87

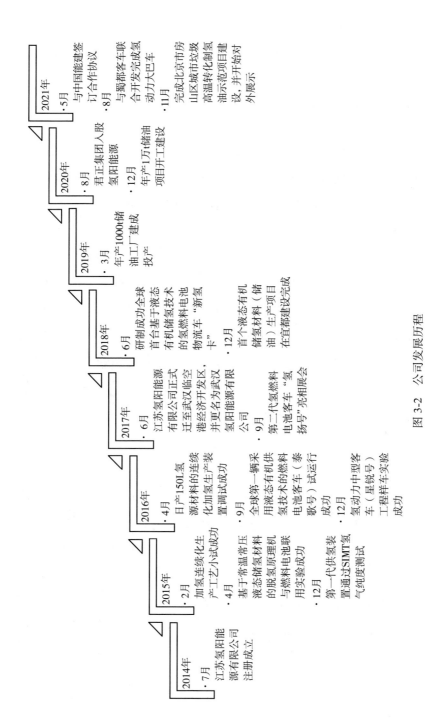

图 3-2 公司发展历程

资料来源：公司官网、清华大学全球私募股权研究院。

氢燃料电池分布式热电联供的全链条解决方案。

在业务布局上，氢阳能源积极拓展产业链上下游，围绕"制氢—储运—应用"三大环节开展具体业务。

（一）上游制氢：垃圾制氢

氢阳能源在上游制氢方面，采用创新的高温垃圾气化制氢技术，以成本优势迅速占据市场。该技术通过垃圾发电耦合制氢，直接将垃圾在处理过程中进行高温热解汽化，从而获得氢气。这种技术尤其适用于我国垃圾含水量高的情况。目前，生活垃圾平均含水量在50%~60%，传统发电过程中，这一含水量不仅增加了烟气治理成本，还降低了发电效率。而在垃圾气化制氢过程中，垃圾中的水分非但不会妨碍气化，反而能提升合成气中有效气体的含量。预计在形成规模效应后，垃圾热解气化制氢的成本有望降至每千克20元以下，与天然气等化石能源制氢技术的成本持平。

氢阳能源的高温垃圾气化制氢油及氢能产业示范基地已投入运行。为响应国家"双碳"目标的号召，该系统由氢阳能源与中国化学工程集团有限公司五环工程有限公司经多年联合研发，于2021年12月11日成功实现了稳定的投料示范运行。该示范基地不仅展示了从城市垃圾高温气化制氢到常温常压液态储氢、氢燃料电池大巴和物流车的完整解决方案，还涵盖了分布式热电联供系统，形成了一个基于城市资源循环利用的完整氢能基础设施体系。

目前，氢阳能源在垃圾制氢技术领域已掌握多项核心专利，并在北京房山综合示范基地完成了每日20t的垃圾制氢应用（见图3-3），进一步巩固了其在高温垃圾气化制氢领域的领先地位。这一创新体系展示了氢阳能源在推动氢能技术产业化、实现资源循环利用方面的巨大潜力。

图 3-3　房山氢能产业示范基地
资料来源：公司官网、武汉氢阳能源宣传册。

（二）中游储运：核心产品氢油和储油

程寒松教授作为理论化学领域的专家，"储油"这一液态有机储氢材料的构想，最初并非直接来自实验，而是基于量子化学理论，通过第一性原理在计算机上模拟而成。他早期研发的第一代液态有机储氢材料虽然实现了脱氢，却生成了固体粉末，不能满足能量效率、安全性和成本效益等多方面的应用要求，因此并未达到预期效果。

2014 年，在中国地质大学（武汉）的实验室里，程教授带领团队终于研发出一种可循环利用的液态有机储氢材料，这也就是目前的"储油"技术。同年，他创立了氢阳能源公司，以推动这一技术的市场化应用。目前，氢阳能源已就液态有机储氢技术申请了 80 余项发明专利，并获得了美国、欧盟和日本等多个国家和地区的专利授权，进一步确立了技术的全球领先地位。

从科研突破到市场应用，"储油"技术的产品化需要不断改进和试验。程教授及其团队在推进液态有机储氢技术的产业化上投入了大量精力，通过持续优化和反复测试，使技术愈加成熟。预计到 2025 年，氢阳能源将建成万吨规模的"储油"生产基地，助推液态储氢技术的大规模应用，为清洁能源供应链提供更高效、安全和经济的储运方案。

（三）下游应用：积极合作开发氢油应用

目前市场上主流的储氢方式依然是高压气态储氢，而氢阳能源的液态有机储氢技术则具有开创性。这一新技术不仅为氢能产业注入创新动力，也推动了液态有机储氢技术在我国的发展。然而，由于这一领域前期投资较大，得到下游市场的认可尚需时间，氢阳能源选择通过自建下游应用场景的布局，与潜在客户合作开发应用，以加速技术推广。

在储能领域，液态有机储氢技术的高储能密度特别适合大规模氢储运，目前氢阳能源已与云南电网合作，打造储能示范应用装置；在工业领域，氢能将有效助力钢铁和炼化等行业实现碳中和。相比传统的氢源供应方式，利用氢油释放的氢气具有成本更低、安全性更高的优势。

在发电领域，数据中心的高能耗问题一直备受关注。氢阳能源与相关客户正积极探索氢能作为数据中心的替代能源解决方案。与此同时，在交通领域，氢燃料电池车和氢内燃机车在特定应用场景中展现出独特优势，公司已成功开发基于液态有机储氢技术的客车、物流车及相应的加氢站，为交通领域提供更多元化的清洁能源选择。

目前，氢阳能源已完成液态有机储氢技术的产业化中试实验，联合开发出全球首台常温常压液态有机供氢的燃料电池客车"泰歌号"，并持续拓展储能、工业和发电等多个领域的合作。

综上所述，公司在其核心技术"常温常压液态有机储氢技术"基础上，结合成本优势开发了上游的高温垃圾气化制氢油技术，积极布局下游多个应用领域，展现出显著的技术领先优势。但能否成功打开下游应用市场仍有待市场进一步验证。

四、储油和氢油技术优势

（一）五大核心竞争优势

氢阳能源的常温常压液态有机储氢（LOHC）技术（见图3-4）凭借五大核心优势在氢能储运领域中展现出显著的技术竞争力。这五大优势分别是：高储能密度、高安全性、对氢气原料的广泛适应性、与现有能源基础设施的高度兼容性以及显著的储运成本优势。这些特点帮助解决了氢气在储存与运输中的行业痛点，为氢能产业的快速发展奠定了坚实的基础。

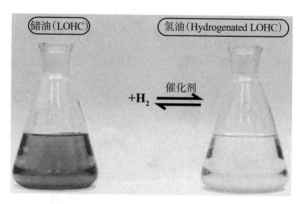

图3-4　公司核心技术：氢阳储油、氢油

资料来源：氢阳能源商业计划书。

首先，氢阳能源的LOHC技术具备极高的储能密度（见图3-5）。在储存同等量的10MW·h能量的情况下，抽水蓄能需将33 000m³的水提升至100m高度，液氢储能需深冷至 $-252.8℃$，而LOHC技术仅需常温25℃并占用4.6 m³的体积。这种高效的储能密度大大降低了储存条件的复杂性。与高压气态储氢技术相比，氢阳能源的液态有机储氢技术在常温常压下每升含氢60g，远超高压储氢技术下的含氢量。

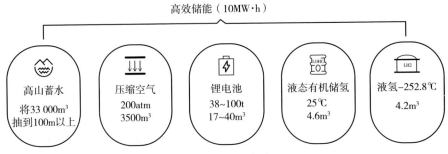

图 3-5 储能方式对比

资料来源：武汉氢阳能源宣传册。

其次，氢阳的 LOHC 技术在安全性上也表现卓越。近年来，高压储氢罐发生的爆炸事故引发了人们对氢气安全性的担忧。氢阳能源的氢油和储油在常温常压下均为液态，且不易燃不易爆（见图 3-6），具备极高的安全性，有助于降低储运风险，确保氢能应用的可靠性。氢阳能源的氢油在闪点、熔点、沸点等多项指标上都表现出极佳的稳定性。

图 3-6 氢油、储油不易燃不易爆

资料来源：武汉氢阳能源宣传册。

此外，LOHC 技术对氢气原料的适应性非常强（见图 3-7）。相比高压和低温储氢技术要求较高纯度的氢气，氢阳能源的液态有机储氢技术可以使用纯度 80% 以上的氢气，催化脱氢后即可获得 99.9% 纯度的氢气，进一步纯化后达到 99.99%，满足燃料电池的使用要求。这一特性拓宽了氢气来源，允许使用工业副产氢和垃圾气化制氢等方式，提升了氢源的灵活性和可及性。

图 3-7 氢气原料适应性强

资料来源：武汉氢阳能源宣传册。

LOHC 技术的另一大优势是与现有能源基础设施的高度兼容性（见图 3-8）。氢阳的液态有机储氢技术可快速应用于现有加油站，只需小幅改造即可变成加氢站，且改造成本仅为传统加氢站的几十分之一。大型炼化企业也可以轻松转型为氢油生产工厂，有望在短时间内大规模推广，加速氢能产业链的成熟。

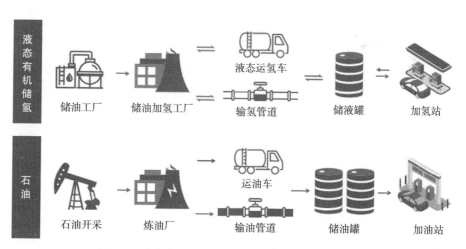

图 3-8 液态有机储氢与现有能源基础架构高度匹配

资料来源：武汉氢阳能源宣传册。

最后，氢阳能源的氢油在储运成本方面具有显著优势。与高压气态储氢和低温液氢相比，氢阳能源的氢油储运成本更低，尤其在燃料电池应用场景中表现出较强的成本优势。此外，若将氢油直接用于提供氢气，相较于高压氢和液氢，成本更为低廉。

（二）四种储氢方式技术对比

目前常见的四种储氢方式为高压气态储氢、低温液态储氢、固体合金储氢和液态有机储氢（见表3-1）。应用最广泛的是高压气态储氢技术和液态有机储氢，其中前者技术最为成熟，充放氢速度快，但是体积储氢密度较小、安全性较差、加氢站成本高昂；液态有机储氢储氢密度高，安全性好，可利用传统石油基础设施进行运输和加注，但脱氢过程需要加热，脱氢所需能耗大约占氢气化学能的21%，需要改变用氢方式（内燃机、燃气轮机、高温燃料电池等）才能实现降本，更重要的是技术难度高，目前仅有少数企业掌握此技术。

表3-1 储氢方式对比

储氢方式	优点	缺点	目前主要应用
高压气态储氢	技术成熟、结构简单、充放氢速度快	体积储氢密度较小、安全性较差、加氢站成本高昂	主要用于车载储氢
低温液态储氢	常压下单位体积储氢密度最高	液化过程能耗大、易挥发、成本高、有安全隐患	主要用于航空航天领域、民用较少
固体合金储氢	体积储氢密度高、能耗低、安全性好	质量储氢密度低、充放氢效率较低	大多处于实验研究阶段
液态有机储氢	储氢密度高、安全性好	脱氢过程需要加热	可利用传统石油基础设施进行运输和加注

资料来源：武汉氢阳能源宣传册。

（三）与同类液态有机储氢技术对比

在 LOHC 技术的研发和应用领域，武汉氢阳能源有限公司与德国的 Hydrogenious 公司和日本的千代田公司共同处于较为领先的地位，但各家公司选择的储氢载体和催化剂有所不同。

在日本，LOHC 技术的研发主要由政府推动，多个部门协作支持，包括岩谷、丰田等知名企业积极参与。日本选用甲苯作为储氢载体，但甲苯具有毒性高、易挥发等缺点，虽然氢容易结合到载体上，但提取氢气的过程较为困难，面临技术瓶颈。

德国在 LOHC 方面遇到了类似的挑战。德国 Hydrogenious 公司选用的载体在脱氢过程中要求较高的温度，这使得技术应用的灵活性受到一定限制。相比之下，氢阳能源在 LOHC 技术方面的表现已领先于德国和日本。在氢阳能源的技术体系中，氢油的理论储氢容量略低于部分国外同类产品，但其脱氢所需温度更低，脱氢速度更快，且脱氢后的氢气纯度更高。氢阳能源的技术被认为是唯一能够同时满足车载氢气系统（包括燃料电池和燃氢发动机）对氢气纯度和放氢速率要求的 LOHC 技术。此外，氢阳能源的催化剂中贵金属含量较少，整体成本更加可控。

在国内，除了氢阳能源，还有大洋电机、久格新能源、青岛海望等企业从事 LOHC 技术的研发和应用，但这些公司大多采用与日本和德国相似的储氢载体与技术方案，暂时难以在技术上超越氢阳能源的优势地位。氢阳能源凭借其创新性和高效性，已在国内外 LOHC 技术领域中占据了明显的竞争优势。

（四）与替代路线的技术对比

在氢能储运领域，除了 LOHC 技术之外，液氨和甲醇储氢技术也被认为是具有竞争力的替代方案（见表 3-2）。牛津能源研究所发布的《全球氢能贸易：长距离氢气运输的最佳方式》报告，对比了液氢、液氨、甲基环己烷（MCH）/甲苯和甲醇四种储氢方式。研究发现，从气化率和转化损失的角度来看，液氨是四种载体中最适合长距离跨洋运输的储氢载体；而从成本角度，甲醇和MCH的运输成本最低。此外，报告还指出，每种技术方案都需考虑多方面因素，包括公众接受度、法规和监管限制、现有工业和基础设施的适用性、氢以外的工业适用性和碳排放等。综合来看，目前各技术路线各有优劣，短期内难以确定哪种路线将成为主流。

表 3-2　相关氢载体的主要优势和挑战

	氢	氨	甲基环己烷（MCH）/甲苯	甲醇
优势	• 纯度高 • 零碳 • 无须脱氢和纯化 • 在气化过程中能量损失无/小 • 液化可实现商业化	• 可直接使用 • 能量密度和氢含量高 • 不易燃 • 零碳 • 可利用丙烷基础设施/现有氨基础设施 • 运输损耗低 • 现行法规基础良好	• 脱氢后甲苯可重复使用 • 无须冷却的液体储存 • 可用现有储能基础设施 • 可用现有汽油基础设施 • 现行法规基础良好	• 在环境条件下可作为液体储存 • 无须大幅调整储存和运输基础设施
挑战	• 高度易燃 • 液化需要极低的温度 • 冷却和液化要求能量高 • 长期储存困难 • 需要蒸发控制 • 存在泄漏风险 • 需要进一步开发和扩大氢能基础设施	• 有毒且有腐蚀性 • 与碳氢化合物相比反应性较低 • 仅由认证工程师管理 • 脱氢能耗高 • 氢气需要精华 • 用作运输燃料且未完全燃烧时存在 NO_x 排放	• 有毒且有腐蚀性 • 高度易燃 • 含碳 • 甲苯主要作为炼油的副产品产生 • 用于脱氢催化剂昂贵 • 脱氢过程需要高温和大量能量 • 氢气需进一步纯化 • 将甲苯运回加氢现场产生额外成本	• 有毒且有腐蚀性 • 高度易燃 • 含碳 • 可再生甲醇生产技术不成熟 • 分解过程中产生碳排放 • 氢气需进一步纯化 • 不完全燃烧/焚烧会产生甲醛

资料来源：牛津能源研究所。

尽管如此，与其他替代路线相比，氢阳能源的LOHC技术仍具明显竞争优势。值得注意的是，牛津能源研究所的报告仅将甲苯作为 LOHC 技术的代表进行对比，而氢阳能源研发的氢油在性能方面优于甲苯，这意味着氢阳能源的技术不仅具有更高的安全性，还能够克服其他 LOHC 技术中的一些难题，例如高易燃性、催化剂昂贵以及氢气纯化等问题。因此，氢阳能源的 LOHC 技术在市场竞争力方面更具潜力。

氢阳能源的内部成本测算进一步强调了这种优势。以下几点充分展示了氢阳氢油与液氨、甲醇等替代路线的显著差异。

第一，甲醇、液氨的后续使用成本会大大高于氢油。甲醇重整制氢、液氨裂解制氢均不能在加氢站内直接制氢，需经二次处理（高压氢/液氢）再运输到加氢站，而氢油则可以直接在站内或车载制氢。

第二，甲醇重整制氢会产生 CO_2，氢油释放氢气不产生 CO_2。甲醇重整制氢产生 CO_2 的捕集成本约为每千克 0.15~0.4 元，每千克氢气成本约增加 1.47 元，氢油则不产生 CO_2。

第三，甲醇储氢不可逆，氢阳能源的储油和氢油转换是可逆的。

第四，氢阳能源的催化剂损耗率较低。液氨燃烧过程会产生 NO_x，污染环境，其裂解过程温度高，能耗高，催化剂易结焦，更换催化剂也会进一步增加成本。氢阳能源的催化剂损耗率较低，仅需两三年再生一次。

综合来看，氢阳能源的 LOHC 技术以五大核心优势脱颖而出。无论是与其他储氢方式、全球 LOHC 技术还是液氨和甲醇等替代路线相比，氢阳能源都展现出明显的技术与成本优势，发展前景良好，值得期待。

五、超高温垃圾转化制氢油技术

近年来，美国、日本、德国、英国和中国等多个国家都在探索垃圾制氢的商业化之路（见图 3-9）。氢阳能源涉足上游制氢领域，正是看重了垃圾制氢在成本、资源来源和环保方面的独特优势。

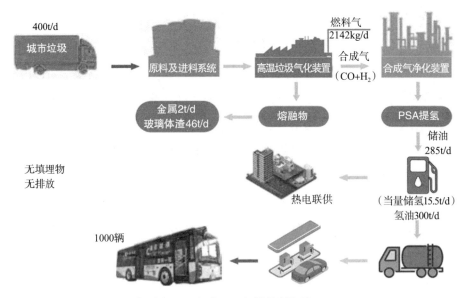

图 3-9 超高温垃圾转化制氢油

资料来源：氢阳能源商业计划书。

成本优势是推动垃圾制氢广泛应用的关键因素。据美国 Ways2H 公司测算，通过塑料垃圾、有害医疗废物等城市固体废弃物制氢，成本低于直接用可再生能源电解水制氢，加上市政部门的补贴支持，企业成本显著降低。氢阳能源认为，垃圾制氢的成本与原材料类型密切相关。当前较为普遍的垃圾制氢成本约为每千克 5 美元，并有望在未来 5 年内进一步减半。这一成本水平已经低于风电制氢和光伏制氢的成本，后者通常高于每千克 6 美元。在处理危废垃圾的情况下，政府补贴还能进一步降低制氢成本。国内估算显示，生活垃圾制氢的成本接近每千克 20 元，与天然气等化石能源制氢成本相当，形成规模效应后甚至有可能进一步降低。

垃圾制氢不仅成本具备优势，同时资源广泛且环保性显著。垃圾制氢可有效缓解资源短缺所带来的制氢瓶颈。例如，日本作为资源匮乏的岛国，难以实现大规模的可再生能源建设，因此垃圾制氢成为其减少氢气进口依赖的可行选择。广泛的城市垃圾来源，使垃圾气化制氢在实现低碳、无害化处理的同时，也能为氢能产业提供充足原料。氢阳能源测算显示，即将在上海落地的项目每日可处理400t垃圾，生成300t氢油，能够满足1000辆大巴的用氢需求。垃圾处理从传统的填埋或焚烧方式升级为热解气化制氢，不仅有效减少了环境污染，也提升了垃圾处理的生态效益。

不过，垃圾制氢过程中依然会产生二氧化碳，要实现减碳仍需结合碳捕集与封存技术。与化石能源制氢相比，垃圾制氢的碳排放较低，介于蓝氢和灰氢[一]之间。虽然其环保性优于灰氢，但要达成零碳排放的目标，还需进一步引入碳捕集技术。相比化石能源制氢，垃圾制氢产生的二氧化碳浓度较高，捕获成本相对较低。

氢阳能源计划于2025年在上海启动更大规模的超高温垃圾转化制氢油项目。该示范项目中，高温垃圾气化所产生的氢气可直接用于公司储油生产氢油，经管道输送至加氢站，为汽车或建筑的热电联供提供燃料。这一创新模式展示了垃圾转化制氢油在清洁能源产业中的巨大潜力。

六、面向下游，探索更多的应用场景

为进一步拓展氢油和储油的市场，氢阳能源正积极与下游客户开展合作，探索多元应用。

在储能领域，氢阳能源与云南电网有限责任公司电力科学研究院合作开发了一套电—氢—电储能转换系统（见图3-10）。通过电解水生成氢气并储存在液态有机载体中，该系统能够提供长时间稳定发电，示范装置的持

[一] 氢能源根据生产来源划分，可分成"灰氢""蓝氢"和"绿氢"三类。"灰氢"指的是通过化石燃料石油、天然气和煤制取氢气，制氢成本较低但碳排放量大；"蓝氢"指的是利用化石燃料制氢，同时配合碳捕捉和碳封存技术，碳排放强度相对较低但捕集成本较高；"绿氢"指的是通过太阳能、风能等可再生能源发电直接制取，生产过程中基本不产生温室气体。

续输出功率达 50kW。此外，氢阳能源还与中国华电集团达成战略合作，共同开发基于 LOHC 技术的可再生能源储能解决方案，未来将推动氢能创新中心和氢能产业园的建设。

图 3-10　规模化储能

资料来源：氢阳能源。

在发电领域，氢阳能源正计划与鹏博士集团合作，通过 LOHC 技术储存氢气，为数据中心提供可靠供电。公司还在研发基于氢油的热电冷三联供技术，目前已具备大规模推广的条件。

在工业领域，氢能在钢铁、化工等高排放行业具有极大的减排潜力。随着氢能应用规模的扩大，储氢需求也随之增长，氢阳能源在此领域的应用前景广阔。

在交通领域，氢阳能源正致力于研发氢内燃机车（见图 3-11）和直接使用氢油的燃料电池汽车（见图 3-12），满足多样化的交通需求。公司已联合扬子江客车、江淮汽车等开发出"泰歌号"城市公交、"星锐号"物流车等多款燃料电池车型，并在公共交通中实现初步应用。然而，交通领域的规模化应用仍面临加氢基础设施建设的挑战。氢阳能源探索了两种加氢模式：在加氢站催化分解氢油，直接加注氢气；或直接加注氢油在车内分解利用。虽然这两种方式有望解决部分补能需求，但短期内难以大规模推广，故氢阳能源将继续在其他领域优先拓展市场。

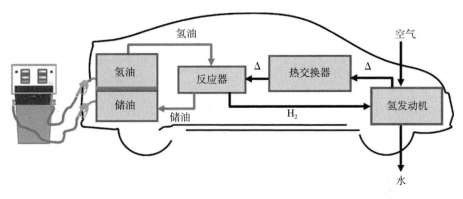

图 3-11　氢内燃机车

资料来源：氢阳能源商业计划书。

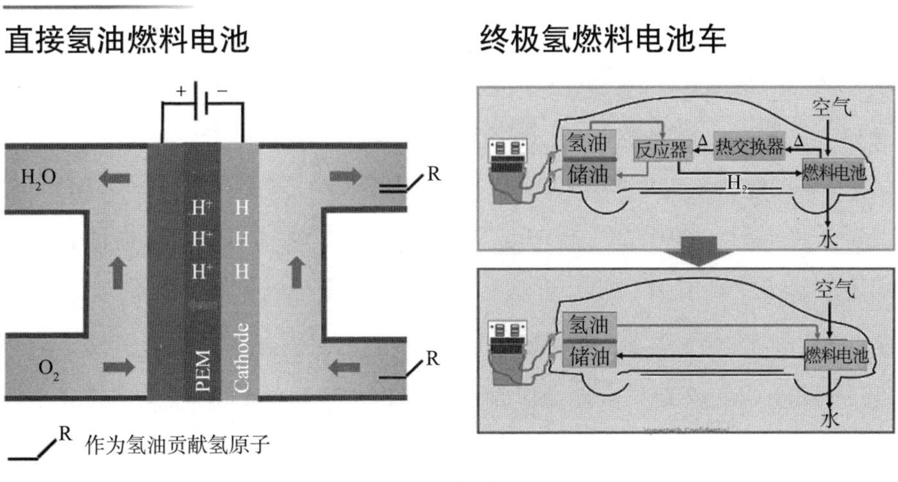

图 3-12　氢燃料电池车

资料来源：氢阳能源商业计划书。

氢阳能源正在以其创新技术和多元化的应用拓展能力，推进氢能在各行业的应用落地，为构建清洁、高效的能源生态系统贡献力量。

第二节 掌握人工智能安全技术，瑞莱智慧提升公众认知的进阶路径

一、AI能力与对齐

2022年11月，美国人工智能研究实验室OpenAI发布聊天交互多轮对话模型ChatGPT。ChatGPT及其后续迭代版本，在人工智能领域引发了一场颠覆性的变革。它们所展现的生成式人工智能（Generative Artificial Intelligence，GAI）的能力，被广泛视作通往通用人工智能（Artificial General Intelligence，AGI）的重要里程碑。

在超大算力基础设施、超大规模数据和超大参数模型等多重技术进步的叠加推动下，人工智能技术呈现出指数级发展趋势。随着人工智能技术在"能力"维度上的突破，人们开始更加关注技术发展的另一个维度——"对齐"，即人工智能技术是否能够与人类设计的意图相吻合。

2023年5月，OpenAI创始人兼CEO萨姆·奥尔特曼（Sam Altman）出席了美国国会召开的关于AI监管听证会，谈及AI可能对人类社会造成的隐患。2023年6月，北京智源大会专门连线了萨姆·奥尔特曼。就AI安全与对齐，萨姆·奥尔特曼提出如下建议：①在包容的程序下，建立全球性准则和标准；②通过全球合作为通用人工智能（AGI）的安全实施建立信任环境。

在本轮人工智能在通用能力取得重大突破，以及公众对人工智能的安全产生巨大担忧之前，早在2018年，清华大学人工智能研究院领军人物张钹院士便提出了构筑安全、可信、可靠和可扩展的第三代人工智能的理念。第三代人工智能与美国在2018年由国防高级研究计划局提出的发展下一代

AI 以及人工智能探索计划基本相同。

张钹院士认为[○]，第二代人工智能是基于数据驱动的，利用深度学习的方法处理图像、语音、文本等，在数据样本较多的情况下，可实现很高的识别率。但是，这样的算法本质上是"分类"而不是"认知"，很容易被特定扰动／对抗样本攻击和欺骗。

对此，张钹院士指出引入"知识"要素对构筑安全可靠的通用人工智能的重要性，他提出了两条应对思路。

一条应对思路是通过概率或向量等方法将知识表达出来，用对抗样本来训练算法。其优势在于现有算法的兼容性强，可将深度学习的优势与数学工具加以结合。其劣势在于，识别能力仅限于特定对抗样本。

另一条应对思路是通过无监督学习或预训练等，借鉴人脑神经网络的注意机制、反馈连接、多模态、记忆等模式建立模型。

二、高举大旗与选取"落脚点"

2018 年前后，人工智能开始在各垂直领域落地。基于人工智能算法的美颜相机开始让很多人爱上拍照，支付终端开始使用人脸识别技术……人工智能技术中的计算机视觉已经成为热门商业赛道，旷视科技、商汤科技、云从科技、依图科技等创业公司也发展成为独角兽企业。

然而，在计算机视觉诸多主流应用场景的背后，由技术性缺陷导致的算法安全风险也逐渐暴露出来。人工智能安全议题开始从学术圈走向社会。

孵化自清华大学人工智能研究院的瑞莱智慧（RealAI），称得上是国内较早在"AI 安全"领域开展研究的团队之一。由清华大学人工智能研究院名誉院长张钹院士和清华大学计算机系教授朱军共同担任公司首席科学家，

○ 2020 年 7 月 9 日，世界人工智能大会云端峰会，张钹院士演讲内容。

清华大学计算机系博士田天任公司 CEO，瑞莱智慧核心团队成员在公司成立之前在清华大学就已经开展了相关的研究。

2018 年 7 月瑞莱智慧正式设立，将安全、可靠、可信的第三代人工智能的成果进行商业转化。创始人兼 CEO 田天认为，一方面，人工智能产业正摆脱"野蛮生长"，逐步进入高质量发展的新阶段，但距离大规模商业应用尚有一段距离，其主要原因之一是底层技术不成熟、训练数据割裂，尤其人工智能算法的底层技术能力和可靠性尚未达到理想状态㊀。如果 AI 想要进入金融、医疗等复杂的高价值场景，就需要提高安全性，但由于传统技术范式存在天然的算法漏洞和缺陷，难以支撑人工智能的高质量发展，因此亟须加快发展第三代人工智能。另外，人工智能安全作为一个全新的市场方向，虽然才刚刚兴起，但随着人工智能不断走向深水区，未来它能够形成与网络安全一样的市场局面，所以在早期"蓝海"阶段，瑞莱智慧希望能够尽快抢占高地。

高举第三代人工智能大旗的瑞莱智慧决定要找到技术转化的具体落脚点。针对行业中标注数据缺失的问题，瑞莱智慧首先在无监督学习算法、可解释性算法方面发力，帮助用户借助算法解释更好地进行决策。通过与工业、金融等领域的企业合作，瑞莱智慧研发了工业领域的异常检测、预测性维护等，金融领域的反欺诈、金融征信等应用产品㊁。

可解释性 AI 技术是人工智能内生安全的防御技术之一。通用人工智能算法及模型，如深度学习、机器学习等算法具有黑箱的特性，易受到信息泄露和网络攻防威胁，因此可解释性 AI 模型正在逐步发展并应用到网络安全领域中。

可解释性 AI 技术作为一项通用的 AI 技术，正在助推人工智能算法和

㊀ 投资界，"清华校友掌舵，瑞莱智慧获超 3 亿元 A 轮融资"，2021 年 10 月 28 日。
㊁ 根据瑞莱智慧企业网站中关于公司动态和媒体报道等信息整理。

模型在 AI 信任、风险和安全管理方面取得更高的认可并进行大规模部署应用。目前，微软、IBM 等公司的研究人员正在与高校合作进行相关技术研发。丹麦初创公司 Abzu 研发了一款人工智能产品，该产品可以生成在数学上可解释的模型，因而增强了能够识别因果关系的能力，帮助客户研发更精确和有效的乳腺癌药物○。

2019 年 1 月，创立仅半年的瑞莱智慧，获得来自百度风投、中科创星、水木清华校友基金的数千万元天使轮融资。融资主要用于平台建设、产品开发、团队扩建等。

三、AI攻防与打造AI"杀毒软件"

AI 系统部署到业务场景中，其安全性既取决于算法、数据层面的内生安全因素，也依托于安全可靠的网络环境。华为信任中心提出 AI 系统三个层次的防御框架○，即架构安全、模型安全和攻防安全。

（一）网络攻防的系统化和智能化

在信息安全重要性日益凸显的背景下，网络安全攻防技术在迅速迭代发展。网络安全已经从黑客的个体行为和偶发行为，演变为有组织、有目的、有针对性的行为。

信息安全的本质在于对抗，对抗的本质在于攻防体系的完善和攻防技术的提升。当代信息安全解决方案均是基于人或机器的。基于 IT 安全专家的解决方案会忽略已知规则之外的攻击。基于机器学习的解决方案对异常的识别会出现"假阳性"（false positive），因此形成对系统的不信任，进而要求人为辅助。

○ Gartner，2023 年重要战略技术趋势报告。
○ 华为信任中心，AI 安全。

网络攻击者将人工智能算法和系统应用于传统网络攻击或作为攻击对象，进化出智能化、自主化网络攻防特征。例如，攻击方既可以利用人工智能技术更快、更准地发现漏洞，产生更难以检测识别的恶意软件代码，发起更隐秘的攻击；攻击者也可能针对网络攻击链的各个环节，增强攻击的精准性，提升攻击的效率与成功率，有效突破网络安全防护体系，给防御方造成重大损失。

根据Check Point研究院出具的《2023年网络安全报告》[一]，全球地缘态势的冲突导致网络攻击次数再创新高。2022年，全球网络攻击次数比2021年增加了38%。同时，根据欧盟网络和信息安全局（ENISA）的报告，2022年勒索软件和DDoS攻击的规模逐步扩大，复杂程度逐步提升，同时向移动网络和物联网发展，并应用于热门国家网络战。

信息安全从人人对抗、人机对抗逐渐向基于人工智能的攻防对抗发展演化。人工智能赋能网络安全已经形成一些典型方案[二]（见表3-3），人工智能技术正在从防御角度发挥着越来越显著的作用。

表3-3 人工智能赋能网络安全的典型方案

解决方案	开发机构	产品形态	技术要点	特点/优势
AI2	MIT计算机与AI实验室	结合AI和专家知识预测网络攻击的平台	应用聚类算法将无监督机器学习的结果呈现给专家，再由专家应用直觉确认并标注。经过多轮迭代	优于无监督机器学习，准确率86%；比纯无监督学习成本低
Cylance Protect	黑莓子公司Cylance	终端防护系统，用于智能手机、电脑等终端设备的恶意软件、脚本、文件、邮件实时监测	应用机器学习及深度学习算法进行恶意软件的实时监测	相比传统依赖软件签名的终端安全防护系统，计算负担下降95%；可离线部署，并预防零日攻击

[一] Check Point Research，2023 Cyber Security Report。
[二] Tuomo Sipola, Tero Kokkonen, Mika Karjalainen, Artificial Intelligence and Cybersecurity, 2023。

（续）

解决方案	开发机构	产品形态	技术要点	特点/优势
Darktrace	英国 AI 企业	针对企业级计算机系统的入侵检测防御系统	大量使用贝叶斯算法构建云空间、设备、传感器、用户的基本行为模式，并进行偏差分析	可实现零数据集的部署，自主学习识别正常与异常行为模式
Amazon Macie	亚马逊（美）	亚马逊网络平台的识别、分类、保护敏感信息的软件工具	应用自然语言处理（NLP）方法解释和分类各种数据类型和内容	有效减轻人工审核敏感信息的工作量
Deep Instinct	英伟达（美）	跨终端的恶意软件动态监测工具	应用神经网络等深度学习算法进行恶意软件的识别和分类	可在 20ms 内检测并控制恶意软件的行为；第三方测试实现 99.7% 有害和 99.3% 恶意软件的检出率
Spark Cognition Deep Armor	美国 AI 企业 SparkCognition	终端防护系统，用于 IOT、智能手机、客户端及服务器对恶意软件、病毒的实时监测	应用深度学习算法进行恶意软件识别，应用自然语言处理方法进行威胁报告生成	暂无评价
Vectra Cognito	美国 AI 企业 Vectra	网络云环境中威胁检测工具	应用有监督和无监督的机器学习算法学习攻击者在不同攻击阶段的行为特点，以在实施攻击前定位潜在攻击者	服务于网络云企业
IBM Maas360	IBM（美国）	基于云的统一终端安全管理系统	应用 IBM Watson Advisor Tool 提供的机器学习能力，从历史数据、当前设备网络信息中学习识别潜在的设备安全风险	服务于企业 IT 管理部门
IBM QRadar UBA	IBM（美国）	用户行为分析工具	应用机器学习算法建立行为规范、资源规范和网络操作规范模型，并定位用户异常行为	服务于企业 IT 管理部门

资料来源：Tuomo Sipola, Tero Kokkonen, Mika Karjalainen, Artificial Intelligence and Cybersecurity, 2023。清华大学私募股权研究院整理。

从信息安全的细分领域这一维度来看，人工智能技术在诸如终端安全（endpoint security）、应用安全（application security）、物联网安全（IOT security）、网页安全（web security）、移动终端安全（mobile security）、云网安全以及身份和登录管理等方向，都有发挥出不同程度的技术优势。

从网络防御的架构和部署这一维度来看，人工智能技术在识别、防护、探测、响应阶段均可以提供高效的安全工具以应对各种网络安全威胁。

（二）AI 攻防安全

人工智能算法及应用也可能受到攻击。在许多情况下，这些模型本质上是黑盒，因此，攻击者对它们的影响可能会被防守者所忽视。常用的攻击方法包括：数据投毒、闪避攻击、后门攻击、模型窃取、模型反演、隶属推断、特洛伊木马等。

针对这些攻击，需设计有针对性的防御机制保护 AI 系统安全，对应的防御技术包括对抗网络训练、网络蒸馏、对抗样本检测、DNN 模型验证、训练数据过滤、集成分析、模型剪枝、隐私聚合模型等防御技术。除了技术层面，AI 防御系统还需要涵盖从线下防御到线上防御，从数据采集到模型应用的全部署周期防御。

（三）AI"杀毒软件"

在人工智能全球化的开源环境以及大量工具包的助推下，AI 对抗样本等攻击手段日益变得复杂，相关防御手段的普及和推广却难以跟上。

瑞莱智慧认为，一方面，市场需要自动化的人工智能检测工具和防御工具，即类似于网络安全的杀毒软件产品。另一方面，相比于网络攻防，对抗样本等 AI 算法漏洞检测等 AI 攻防技术壁垒更高，大部分企业与组织不具备该领域的专业技能来妥善应对日益增长的恶意攻击。

2019 年 12 月，瑞莱智慧发布深度伪造内容检测平台 DeepReal[一]。

2020 年 3 月，瑞莱智慧获得来自关注早期项目的风险投资机构同渡势成和松禾资本的数千万联合投资[二]。

2020 年 4 月，瑞莱智慧发布首个基于模型算法安全的检测平台 RealSafe，能够提供从测评到防御的完整解决方案，快速缓解对抗样本攻击威胁。相较于目前常见的开源工具需要自行部署、编写代码，该平台支持零编码在线测评，用户只需提供相应的数据即可在线完成评估，极大降低了算法评测的技术难度。同时，平台采用可量化的形式对安全性进行评估，评分越高则模型安全性越高。针对检测出来的漏洞，平台还可提供合适的防御方案，以提升模型安全性[三]。

2020 年 12 月，瑞莱智慧获得来自深圳卓源高科（清华校友创办的完全聚焦于泛人工智能及尖端制造领域的投资机构）、前海方舟、苏州达泰、基石资本以及松禾资本的新一轮数亿元融资[四]。

松禾资本在 2020 年连续两轮参与瑞莱智慧的融资。其创始合伙人厉伟、合伙人兼天使基金执行合伙人袁宏伟博士对此表示，"传统二代人工智能都是以大数据量训练的有监督学习为主，技术路线严重缺少泛化能力，仅在计算机视觉、声觉等特定训练样本环境下能够有效应用，缺少在泛工业化场景下和大金融场景下的泛化 AI 通用底层平台的支撑。瑞莱智慧刚好出自清华大学人工智能研究院官方团队，有很强的技术实力、团队构成与核心资源。业界普遍判断，在第三代基于逻辑认知的人工智能领域，中国一定会诞生市值超过 1000 亿美元的企业，目前瑞莱智慧已成为这个赛

[一] 根据瑞莱智慧公司网站发展历程等公开信息整理。
[二] 私募通数据库。
[三] 清华大学新闻，"人工智能有了'杀毒软件'可在线测评算法模型安全性"，2020 年 4 月 13 日。
[四] 私募通数据库。

道的绝对头部企业"。○

四、核心能力与规模化落地

（一）构筑核心能力

瑞莱智慧取得高速发展并得到投资机构认可，离不开其牢牢抓住人才要素构筑公司在数据安全和算法安全两大技术领域的核心能力。

通过聚焦人工智能真实应用场景中的典型漏洞及风险的大赛，以赛促建、以赛促研是推动 AI 攻防技术创新的重要手段。2019 年 8 月，在美国阿拉斯加州举行的数据挖掘领域国际最高级别会议 ACM SIGKDD 大会上，RealAI 荣获创业研究奖（Startup Research Awards），成为全球四家获奖公司之一。2019 年 10 月，RealAI 荣获第五届"互联网+"大学生创新创业大赛全国总决赛金奖，同月与清华大学联合战队获国际安全极客大赛（GeekPwn）"CAAD-CTF 图像对抗样本挑战赛"及"CAAD 隐身挑战赛"两项冠军；2020 年 10 月，与清华大学的联合战队获国际安全极客大赛 2020 首届 CAAD 虚假人脸 AI 识别大赛冠军。○

2019 年 12 月，瑞莱智慧获得国家高新技术企业认证。2020 年 8 月，成为全国信息技术标准化技术委员会人工智能分委会首批会员单位。2022 年 8 月，瑞莱智慧入选国家级专精特新"小巨人"企业。2022 年 11 月，瑞莱智慧获批设立博士后科研工作站。○

瑞莱智慧与国家工信安全中心联合制定了中国人脸模型算法自身安全相关的第一个标准《信息安全技术人脸比对模型安全技术规范》；参与包括

○ 投资界，瑞莱智慧 RealAI 获数千万人民币天使 + 轮融资，松禾资本领投，2020 年 3 月 4 日。
○ 根据瑞莱智慧企业网站奖项荣誉信息整理。
○ 根据瑞莱智慧企业网站发展历程信息整理。

机器学习算法安全相关的国家标准，以及人工智能合成音视频、人工智能生物特征识别相关的行业标准等多项标准的制定。

瑞莱智慧不断构筑和强化自身在技术领域的影响力和领先地位，充分依托政策扶持，汇聚更多人工智能尖端人才。

（二）从技术领先者到规模化应用

对于创始人田天来说，创业以来最大的挑战在于技术向商业转型的过程。"在技术方面我们是一直领先的，但是如何把我们的优势技术转化为可复制的产品，实现规模化落地是目前为止最关键、最有挑战的。"

产品化方面，瑞莱智慧主要有以下几款产品。

（1）RealSafe 人工智能安全平台 2.0——业内首个针对 AI 系统的安全检测和防御加固产品。该产品具有算法领先、可量化、零编码等特点。如互联网时代杀毒软件可为计算机系统提供一键漏洞检测与漏洞修复等防御功能，RealSafe 为 AI 系统量身打造的杀毒软件与防火墙系统，从算法和模型层面提供安全检测、业务场景渗透测试，为应对算法模型所面临的新型安全漏洞提供保障。

（2）RealSecure 隐私保护机器学习平台（RSC）——业内首款隐私保护 AI 编译器。它能以底层数据流图的视角揭示机器学习算法与对应分布式隐私保护算法的联系，同时将隐私保护算法公式表达向更细颗粒度解构至"算子"级别，通过算子组合将机器学习生态与隐私保护机器学习生态一脉打通，解决企业搭建隐私保护生态面临着的性能差、易用性差、黑盒协议等诸多难题，实现两大生态的一体化。在支付、消费、税务、交通、司法、运营商等领域能实现大数据更快更安全的互联互通，助力反欺诈、小微普惠、AI 医疗等智慧决策真正得以落地。

产品能力之上，瑞莱智慧希望通过打造贴合行业需求、效果更优的行业解决方案，去赋能更高价值的关键业务场景。

在业务模式上，瑞莱智慧提供两类服务：一是标品的企业采购，包括在特定算法场景的安全性评估；二是金融、工业等领域特定业务场景的解决方案制订。前者包括平台付费使用、软硬件一体机销售，后者则是按需定制。"长远来看，我们想要打造安全人工智能新商业生态，所以我们不只提供一个安全组件，而是把它作为一项基础设施，上层再去打造贴合行业需求、效果更优的行业解决方案，去赋能不同领域。"㊀

2021年6月3日，清华大学、阿里安全、瑞莱智慧联合发布AI攻防对抗基准平台，致力于对AI防御和攻击算法进行自动化、科学化评估。同年10月，瑞莱智慧获得蚂蚁集团、达泰资本、考拉基金等机构超3亿元的融资，继续加大AI安全、隐私计算等安全可控人工智能基础设施平台产品的研发投入，同时进一步深化战略布局、加强团队建设等，推动规模化场景落地㊁。

瑞莱智慧已经在金融、工业和公共治理服务领域的几十家客户实现成功落地应用，合作客户包括中石油、中国电建、中信戴卡、浦发银行、中原银行、银联商务、中融信托、中环光伏、航天科工、蚂蚁金服等知名企业，以及工信安全中心、公安部、中国信通院等机构。

五、持续竞争力和走向通用人工智能

从全球范围来看，从事人工智能内生安全的公司多为大型科技公司（见表3-4），如谷歌、微软、IBM，国内公司包括华为、百度、360等。

㊀ 汪慧，"连线创始人 | 瑞莱智慧RealAI田天：国内首个AI杀毒软件平台RealSafe将于今年底完成升级"，2020年9月18日，科创板日报。

㊁ 傅碧霄，"蚂蚁集团投资AI服务商瑞莱智慧 看好安全可靠的人工智能新趋势"，华夏时报，2021年10月29日。

表 3-4　人工智能内生网络攻防技术相关企业和技术

企业	关键技术	检测工具	实践应用
谷歌	透明性 AI 技术、公平性 AI 技术	ModelsCards、FairnessIndicators	COVID-19、名人识别、APL、谷歌翻译
IBM	对抗攻击 AI 技术、可解释性 AI 技术、公平性 AI 技术、模型推断检测技术、数据投毒检测技术	IBM Adversarial Robustness Toolbox、AI Explainability360、AI Fairness360	毕马威 RegionsBank
微软	Fairlearn 和 AI 公平性检查表、InterpretML 和数据集的数据表	Counterfit、Fairlearn、InterpretML、SmartNoise、ErrorAnalysis	对话机器人
百度	对抗攻击技术、黑白盒攻击技术	advbox	机器学习模型
华为	鲁棒性增强技术、对抗攻击技术	MindArmour	机器学习模型
瑞莱	黑盒查询攻击技术、黑盒迁移攻击技术、漏洞检测技术、模型安全性测评技术、模型鲁棒性提升技术	realsafe	机器学习模型
360	云端机器学习框架安全性评估技术、终端机器学习框架安全性评估技术	AIFater	机器学习模型

资料来源：国家工业信息安全发展研究中心，《人工智能安全测评白皮书（2021）》。

瑞莱智慧的成长空间不局限于人工智能安全，事实上，瑞莱智慧一直在与工业领域各头部企业合作，开发高度泛化能力的通用人工智能底层技术平台，目标是提高客户的全栈业务 AI 能力、优化工业设备生产效率和成本。

随着 ChatGPT 在通用人工智能水平上展现出来的惊人效果，以及引起的广泛关注，国内各科技企业也纷纷展示了自己在通用人工智能领域的技术积累和模型产品。

目前，国内科技公司开发的多模态大模型主要包括：百度开发的文心一言、智源研究院开发的悟道2.0、华为开发的盘古、阿里开发的通义千问、商汤开发的书生2.5、中科院开发的紫东太初、复旦开发的MOSS等；此外，搜狗创始人王小川、美团联合创始人王慧文、创新工场李开复等，也宣布组建团队，开发多模态大模型。

2023年3月，由北京瑞莱智慧科技孵化的生数科技（控股36.75%）有限公司正式成立。生数科技致力打造可控的多模态通用大模型，由瑞莱智慧前副总裁、毕业于清华大学计算机系的唐家渝出任首席执行官。生数科技的团队核心成员来自清华大学人工智能研究院朱军教授带领的课题组。该课题组致力于贝叶斯机器学习的基础理论和高效算法研究，是国际上最早研究深度概率生成模型的团队之一。

生数科技一成立，便获得了来自蚂蚁集团、百度风投和卓源资本亿元级别的天使轮投资，估值达到1亿美元[一]。

在底层技术上，生数科技的创新性体现在对底层主网络进行了修改。作为国内最早布局多模态通用大模型的团队之一，生数科技于2023年初开源了全球首个基于Transformer的多模态扩散大模型UniDiffuser，首次实现基于一个底层模型高质量地完成图生文、图文联合生成、图文改写等多种生成任务，解决市面上模型对用户意图的把握、精确细节的控制不够准确等问题。

此外，生数科技研发了业内首个基于三视图自动生成3D内容的技术，以及无须任何3D训练数据的文生3D内容技术，效果方面可以做到细节精细化，但是，距离产业级应用仍有一定差距。

在细分赛道上，生数科技切入的是视觉类大模型，与语言类大模型相

[一] 邵文，"布局多模态大模型：清华系团队完成近亿元天使轮融资，蚂蚁领投"，澎湃新闻，2023年6月20日。

比，这一领域中的创业公司和关注度都相对较低，但是技术壁垒更高，生数科技创始人唐家渝认为，构建一套通用架构对图像、视频、语音等不同模态进行统一的建模是发展多模态，甚至是发展通用人工智能的关键[一]。

第三节　某隐私保护计算厂商搭载制度快车的进阶路径

一、数据要素流通与隐私保护计算

2019年11月，"数据"首次被列为生产要素[二]；2020年3月，数据被作为一种新型生产要素写入国家政策文件中[三]；2021年12月，《"十四五"数字经济发展规划》中提到，数据要素是数字经济深化发展的核心引擎，要充分发挥我国海量数据优势，加快构建数据要素市场，释放数据要素价值，激活数据要素潜能。2022年，国家发布了数个针对数据要素的政策文件，配套扶持政策持续细化，开启了数据要素产业元年。同年6月，中央强调数据安全的重要性，并敦促加快构建数据基础制度体系。

数据要素化的本质是要实现数据流通，只有真正流通或进入市场，才能实现其作为数字经济生产要素的经济价值和社会价值。但是，当前阶段数据要素总体处于价值尚未得到充分释放的"堰塞湖"状态。

全国政协委员，中国证券监督管理委员会原主席肖钢表示："数据的价值在于流通交易，我国每年全社会数据量增长约40%，但真正被利用的数

[一] 周鑫雨，"聚焦产业级多模态大模型，清华团队'生数科技'完成近亿元天使轮融资"，36氪，2023年6月19日。

[二] 新华社，"中共中央关于坚持和完善中国特色社会主义制度　推进国家治理体系和治理能力现代化若干重大问题的决定"，中国政府网，2019年11月5日。

[三] 经济日报，《关于构建更加完善的要素市场化配置体制机制的意见》印发——引导要素向先进生产力集聚"，中国政府网，2020年4月10日。

据增长率只有 5.4%。"①

阻碍数据要素流通的屏障大致指向两类因素。其一是数据流通中涉及的技术因素，譬如数据安全技术、数据流通标准与协议等。其二是数据流通的法规制度类因素，例如数据资产的评估、确权、价值分配等问题②。

在相关监管部门对数据要素流通秉持包容审慎的治理逻辑下，产学研各界纷纷在推动数据要素流通方面发挥企业家精神，进行了诸多具有探索性和突破性的尝试。

姚期智院士指出，跨公司、跨行业的数据流通，必然潜藏着巨大的安全隐患，数据要素安全流通需要着重关注数据可信确权技术、数据资产化技术、数据安全保障技术、数据流通机制技术等四大主要技术领域，每个技术领域中又有更具体的落地子场景，还需要有更底层的基础算法与协议保障数据要素的安全流通，因此，能够全生命周期保护信息数据的"隐私保护计算"技术诞生得恰逢其时。

隐私保护计算（Privacy-Preserving Computation）也被称作隐私增强技术（Privacy Enhancing Technologies，PET）。隐私（Privacy）一词指某方不愿公开的信息，如个人隐私信息或机构商业秘密，并非局限于法律意义上的个人隐私范畴。

区别于传统的隐私保护技术，如数据加解密、身份认证、访问控制等，隐私保护计算除了可以规避暴露原始数据外，其核心优势是分离数据所有权和使用权，开创了"数据特定用途使用权流通"新范式。③目前，如图3-13 所示，基于不同底层逻辑的隐私保护计算技术主要包括基于统计学的差分隐私技术、基于硬件的可信计算以及基于密码学的多方安全计算等。

---

① 肖钢，"加快构建数据要素流通交易制度"，人民政协报，2022 年 5 月 18 日。
② 中国互联网金融协会，金融科技发展与研究专委会，《隐私计算与金融数据融合应用》，中国金融出版社，2021。
③ 《隐私计算推动金融业数据生态建设白皮书》，中国工商银行。

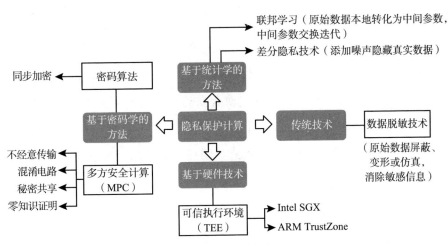

图 3-13　隐私保护计算技术分类

资料来源:《隐私计算推动金融业数据生态建设白皮书》,中国工商银行。

差分隐私技术是通过在数据中添加干扰噪声的方式来避免攻击者分析数据集,反向破解其中的数据与个体的对应关系,从而保护数据中的隐私信息,然而由于需要通过添加噪声实现隐私保护,模型的准确性有一定程度的下降。可信计算是依赖硬件的隐私保护计算技术,需要有可信的第三方可信执行环境(TEE),也即需要可信的 CPU 芯片厂商,数据只能在该厂商的硬件上处理工作,有较高的通用性、易用性,缺点是需要引入可信方,开发和部署的成本高,此外还需要防止侧信道攻击。联邦学习(Federated Learning)[一]技术由两个及以上参与方共同参与,在保证各数据方的原始数据不出库的前提下,协作构建并使用机器学习模型的技术。纽约旧金山银行 2021 年发布的报告中提到隐私增强技术(PET)及美国参议院和众议院提出的法案指出"联邦学习仅仅是 AI 工具",是直觉上的安全。

多方安全计算(Secure Multi-Party Computation,MPC)的核心思想是设计特殊的加密算法和协议,基于密码学原理实现在无可信第三方的情况

[一]《隐私计算行业研究报告》,毕马威。

下，在多个参与方输入的加密数据之上直接进行计算。主要的基础技术包括：秘密共享、混淆电路、不经意传输及零知识证明等。MPC 的独特优势在于：各个参与方对其所拥有的数据拥有绝对的控制权，从本质上保障了基本数据和信息不会泄露，从而实现数据的"可用不可见"。然而，由于计算过程中涉及层层加密技术，计算开销较大，需要付出很大的性能代价。由于多方安全计算的安全性相对可靠，因而主要适用于高敏感、高价值数据（见表 3-5）。

表 3-5　隐私保护计算不同技术的比较

隐私保护计算技术/评价指标	保密性	准确性	性能[①]	适用性	成熟度	适用数据类型	整体描述
多方安全计算（MPC）	高	高	低	宽	探索阶段	高敏感/高价值	计算通信开销大，技术成熟，性能有提升
联邦学习	较高	较高	较低	需改造	探索阶段	高敏感/高价值	综合用于 MPC、同态加密、差分隐私等技术，主要用于 AI 模型训练和预测
可信执行环境	一般[②]	高	较高[③]	宽	探索阶段	高价值	开发部署难度大，需要信任硬件厂商
差分隐私技术	一般	较低	高	选择噪声机制	成熟	高时效	计算和通信性能与明文计算几乎无差别，安全性损失依赖于噪声大小
数据脱敏技术	较低	较低	高	定制脱敏规则	成熟	高时效	传统技术

① 单位时间的计算量。
② 取决于硬件厂商的工程实现。
③ 取决于存储空间的算力。

资料来源：隐私技术白皮书 2021；清华大学私募股权研究院整理。

二、技术缘起与架构设计

1982年，图灵奖得主、中科院院士姚期智院士提出了著名的姚氏百万富翁问题：两个百万富翁在街头偶遇，双方想要知道谁更有钱，但他们都不想暴露自身的资产金额，如何在不借助第三方的情况下，得出谁更富有的结论。这引发了学界对多方安全计算的思考。1986年，姚期智院士又提出了混淆电路技术，在理论上解决了两方参与的隐私保护计算问题。虽然在20世纪80年代多方安全计算就已经具备基本的技术成熟度了，但当时缺乏一定的数据基础和市场环境，隐私保护计算尚无用武之地。

我国信息化发展至今，已有良好的数据基础。截至2022年6月，中国网民规模达10.51亿，互联网普及率达74.4%，新一代信息计算和数字基础设施已基本布局完成，各领域也已累积了海量底层数据。庞大的数据量、数据流通中不可避免的安全性问题、对于发挥数据经济和社会价值的需求，数据流通"堰塞湖"的困境正需要隐私保护计算这柄技术利剑来破解。

2018年6月，基于某院士在密码学领域的技术成果转化而来的隐私保护计算技术公司正式成立。该公司自成立之初，便肩负了浓重的使命感和责任感。

在从大学实验室走向公司化运作之前，创始团队对公司的技术和产品进行了总体设计和规划，即在技术上追求安全性和通用性，在架构上充分考虑产品性能和业务的可扩展性。

在技术架构方面，该公司做了协议层、算法层和应用层的三层架构设计。

最底层是基于密码学的各类协议（如混淆电路、TEE协议等）。底层协议是隐私保护计算安全性的基础。多方安全计算是基于密码学中不可逆的数学变换、无须可信第三方的隐私保护计算技术。将明文数据通过数学变换加密后提供给其他方，变换后的密文结果完全随机，所有计算需要通过多方计算协议，如秘密共享、同态加密、不经意传输等在密文上进行，具有较好的可用且不可逆特性，其安全性得到业界充分肯定。

在协议层，该公司采用的是多技术路线的开放式、兼容的技术架构。多技术路线采长补短，聚焦客户需求，以解决客户问题为最终目标。为此，该公司还充分配置了兼容用户自有 TEE 的接口。

协议层之上是算法层。基于密码学的算法是非常复杂的，一般的算法开发人员难以掌握足够的密码学知识。因此，该公司开发了大量的基于密码学的算法库，并进行封装，为后续的算法开发和调用提供接口，以提高算法开发的通用性和易用性。

算法层之上是应用层。通过通用可组合性来支持不同的上层应用，通用的多方安全技术允许用户按照需求自主定义计算逻辑，无须进行定制化修改，很大程度上提升了服务的扩展性和发展空间。

为了提高可扩展性，该公司采用了将数据和算力解耦的代理模式。通过将数据所有方和数据计算方解耦，提高计算性能、计算效率和角色灵活性。

该公司创立之初，业内鲜有机构充分意识到隐私保护计算的重要性和价值所在。而该公司将多方安全计算技术看作一项数字基础设施来建设，体现在业务架构方面，该公司进行了分层级的基础设施建设，即分为企业级、行业级和跨行业数据生态。

企业级数据生态，定位于立足集团自身业务需求，链接各部门各子公司高效协同，合力推进集团内数据融合应用及数字化转型升级。行业级数据生态，着眼于风险联防联控等行业共性问题，一般由监管机构、行业协会牵头搭建数据共享平台。跨行业数据生态，一般由具备行业公信力的第三方组织协同本行业相关机构共建跨行业数据流通基础设施，合力打造更为开放、多元、融合的数据生态。上述三级生态体系层次分明、互联互通，前一级生态可作为后一级生态的有机组成部分，共同形成互相融合、互利互惠、良性循环的数据生态圈。㊀

三、产品打磨与早期投资

顶尖的科学家团队以打造数字基础设施为目标，为该公司规划了平台型产品的技术和架构设计理念。"高举高打"的设计理念落实到执行环节难度大、周期长，涉及大量的工程化问题，对研发团队的挑战可想而知。

日渐庞大的研发团队要运营下去，离不开早期风险投资机构的资金支持。该公司设立之初，便引入了关注早期科创项目的风险投资机构。

2019年，该公司邀请知名投行全球合伙人出任公司董事长、总经理，其深厚的投行背景与创始团队的科学家背景充分互补。同年，公司迅速引入了高榕资本、中关村协同创新基金、海淀园创业中心等关注早期科创项目的风险投资机构、政府引导基金和战略型投资机构。这些风险投资机构认同该公司的产品设计理念，并接受产品打磨的周期。风险投资机构的股权投资充盈了公司的早期运营资金。

同年，该公司参加了北京市地方金融监督管理局主办、清华大学五道口金融学院承办的"首都金融创新激励项目"，其"安全数据融合支持金融领域创新应用"项目获得2019年度首都金融创新激励，奖金额度500万元。

2019~2020年，该公司连续参展中国国际服务贸易会，不断向业界宣传隐私保护计算在数据要素流通中的作用。

到2020年底，该公司已经实现让密文计算的效率和规模接近于明文大

㊀《隐私计算推动金融业数据生态建设白皮书》，中国工商银行。

数据系统。团队原本计划将速度进一步提升、系统更优化之后再推向市场，但市场对隐私保护计算的需求已呼之欲出，一些金融机构和政府部门在得知该公司的成果后，主动找上门。该公司几乎是被用户推着进入到产品试点落地阶段。

2021年，该公司承建了光大银行业内首个企业级数据流通基础设施平台建设项目。

某股份制商业银行被该隐私保护计算厂商视为建立隐私保护计算平台的"优质用户"。首先，该股份制商业银行是数字化基础领先的机构，因此被选为所在集团内的试点单位。其次，该股份制商业银行此次选取的数据项目，数据量不太大，但是数据维度多，这对该隐私保护计算厂商的软件产品而言，是理想的商业化落地试点。

商业化试点对研发团队迭代产品意义重大，但是对于经营性现金流的改善却是有限的，特别是对于该隐私保护计算厂商这样在技术架构上高举高打的创业企业。一般而言，行业用户在采购软件类产品的招标过程中，报价会趋于行业均值水平，即使对于原创性的、技术领先的供应方，溢价区间也是有限的。例如，该股份制商业银行的试点项目金额大概是300万元。因此，风险投资机构的股权投资在企业形成造血能力之前，起到了创新溢价、跨期偿付的作用。

该隐私保护计算厂商计划以多方安全计算为基础，结合联邦学习、可信计算、数据脱敏、差分隐私和区块链等技术，打造多方安全计算平台产品。该多方安全计算平台产品要支持Python语言和SQL操作，兼容NumPy和PyTorch等函数库，支持包括绝大多数机器学习算法在内的计算类型和系统实现，并且要降低用户使用密文计算的学习曲线，实现多方安全计算产品的实际可用性和商业易用性。同时，通过提供自主灵活的模块化组合模式和多种部署方式满足不同用户群体在使用和部署中的多样化需求，实现支持通用计算类型、高性能、集群化和可扩展的解决方案的目标。

自创立以来，该隐私保护计算厂商几乎每年都要进行一轮股权融资。

四、行业竞争与标准制定

2020~2021年两年间，中国隐私保护计算行业的投融资事件持续增加，分别达到14笔和17笔。以阿里云、百度、腾讯云、华为为代表的综合类科技企业，以纸贵科技、趣链科技等为代表的区块链企业，以及以瑞莱智慧、第四范式为代表的人工智能企业等不同背景的技术公司纷纷入局，进入隐私保护计算赛道㊀。一时间，隐私保护计算产业千帆竞发，蓬勃发展。

作为国内综合类金融科技公司巨头的蚂蚁金服，目前已拥有6.22亿用户数量，相伴而来的是海量的用户行为和隐私数据。金融的核心是风控，而风控的核心则是数据。蚂蚁金服站在数据的富矿上，借助数据挖掘和数据安全打造自己的业务体系和金融信用体系。因此，蚂蚁金服也意识到，科技和数据是它们至关重要的护城河。2020年6月，蚂蚁金服宣布将自研数据库产品OceanBase独立进行公司化运作，成立由蚂蚁金服100%控股的数据库公司——奥星贝斯，主攻数据库、IOT、区块链、共享智能、安全科技，标志着蚂蚁金服完全切入数据科技行业；2022年7月，蚂蚁集团宣布开源可信隐私保护计算框架"隐语"，发布可信隐私保护计算"隐语开放平台"，该平台涵盖了当前几乎所有主流隐私保护计算技术，内置MPC、TEE、同态等多种密态计算虚拟设备，提供多类联邦学习算法和差分隐私机制，提供分层设计和开箱即用的隐私保护数据分析、机器学习等功能。㊁

纸贵科技是国际领先的区块链技术及解决方案提供商，有研究报告提

㊀ 艾瑞咨询，《2022年中国隐私计算行业研究报告》。
㊁ 蚂蚁集团，"开源可信隐私计算框架'隐语'：开放、通用"。

出"区块链与隐私保护计算的结合是必然,二者互为刚需"。[一] 广义上的区块链技术是指利用块链式数据结构验证与存储数据,利用分布式节点共识算法生成和更新数据,利用密码学的方式保证数据传输和访问的安全、利用由自动化脚本代码组成的智能合约的分布式基础架构与计算范式。区块链技术可以让隐私保护计算的过程更可信,隐私保护计算是以取代第三方为目的的安全技术,但隐私保护计算的技术服务方却始终是客观存在的第三方,如果在隐私保护计算的底层加上区块链,让第三方变得透明,就可以确保隐私保护计算的安全可靠性。因此纸贵科技基于区块链技术的解决方案,在保护数据隐私的前提下,实现多主体间数据共享和联合计算。通过引入可信执行环境、安全多方计算、联邦学习及区块链等技术,实现分布式的数据资源存储与数据隐私保护,在跨区域、跨主体的环境中实现数据资源的交换和隐私保护计算服务,推动数据合法合规的资产化。2021年,纸贵科技参与中国信通院云大所牵头的《隐私保护计算白皮书(2021年)》撰写工作。

以人工智能为核心技术服务的厂商瑞莱智慧,在2018年成立之初,以贝叶斯深度学习、人工智能对抗两项自主研发的核心技术,为金融、工业、公共安全等领域提供人工智能安全服务。但由于AI的决策逻辑和链路天然存在大量不确定性,缺乏可解释性,AI系统存在被恶意攻击的风险,同时,AI系统的核心要素还是数据,隐私保护与数据安全是AI系统稳定的根本保障。因此,2020年12月瑞莱智慧正式切入到隐私保护计算赛道,发布了基于自主研发的第三代AI技术的企业级隐私保护计算平台——隐私保护机器学习平台RealSecure。与许多从技术出发的隐私保护计算创业公司不同,瑞莱智慧在数据生态方面已经有所积累,在市场化数据源当中,瑞莱智慧已

[一] 零壹智库,"生态重塑:区块链+隐私计算一线实践报告",2022年10月7日,2022年11月27日。

经与三大运营商、银联都开展了对接与合作。

国外的隐私保护计算企业布局早，更加专注于技术的研究，商业化实践有限。该隐私保护计算厂商表示：国内在应用商业化方面不比国际落后，甚至更为领先。虽然国外隐私保护计算布局早，但中国的隐私保护计算后来居上。早期我国刚开始关注信息安全的时候，市场上还是国外的网络安全服务厂商占多数。然而发展至今，本土数据安全厂商的竞争力和优势逐步在中国市场体现。

隐私保护计算蓬勃发展，市场难免良莠不齐，但由于中国与国外立法思路和理念不一致，无法完全借鉴国外经验。因此中国政府也正立足国际视野，结合本土化国情来摸索一条自己的数据安全道路，在隐私保护计算方面不盲目参照国外，更多的是结合市场的需求，结合我国数字产业化的优势来探索隐私保护计算技术的认证模式和标准。

2020年11月，该隐私保护计算厂商全程参与撰写由中国人民银行发布的金融行业标准《多方安全计算金融应用技术规范》（JR/T 0196—2020）（简称《技术规范》），以促进金融行业MPC应用的持续健康发展。这一金融行业标准的发布为各金融机构间及机构内部进行安全的数据共享、联合查询、联合统计、联合建模、联合预测以及精准营销等提供了依据。

2021年6月，该隐私保护计算厂商作为主要参与者之一，在中国支付清算协会领导下，与20余家参编单位共同完成了《多方安全计算金融应用评估规范》（T/PCAC 0009—2021）（简称《评估规范》），该《评估规范》是为了进一步落实《多方安全计算金融应用技术规范》。《技术规范》明确了多方安全计算金融应用的基础要求、安全要求和性能要求，《评估规范》对其各要求条目进一步明确了其适用性、评估方法和通过标准，为金融检测评估机构顺利开展相关检测认证工作提供了依据。在此基础上，2022年，国家市场监督管理总局和中国人民银行联合发布《金融科技产品认证目录

（第二批）》，其中多方安全计算金融应用被纳入《金融科技产品认证目录》，进一步保证了多方安全计算金融科技产品的合规性。

作为技术领先的行业参与者，该隐私保护计算厂商积极推动行业标准的建立，无疑为数据要素在政务、金融等敏感领域的流通构筑了更为安全可信的屏障。与此同时，行业标准的进一步明晰，也会一定程度改善隐私保护计算行业良莠不齐的竞争局面。

中国的自动化、信息化、智能化建设在差距巨大的市场环境下，既不同步，也未充分完成，这是建设"数字中国"不容忽视的基础。对此，相关政策制定部门采取"包容审慎"的治理逻辑，也为富有企业家精神的个体从多维度试错提供了相对宽松的环境。

隐私保护计算行业中就不乏企业由于自身业务场景的需求，或者从用户价值出发，顺势切入隐私保护计算技术赛道。

无论是从技术出发，还是从需求出发，对于行业的发展而言，都是不可或缺的创新力量。相比之下，基于技术创新的企业，发展前期更需要资本的支持来跨期承担创新溢价。

2021年3月，北京市经济和信息化局会同市金融局、市商务局、市委网信办等部门，发起成立北京国际大数据交易所（简称"北数所"），旨在打造数据交易和数据流通的基础设施。

通过深度参与北数所等政府数据共享开放平台和数据要素市场基础设施的建设，该隐私保护计算厂商从技术提供方向数据要素流通的上游进行生态渗透，进一步构筑自己的竞争壁垒。

五、专精特新小巨人

2021年6月，该隐私保护计算厂商入选2021年度第二批北京市专精特新"小巨人"企业名单。

同年 10 月，该隐私保护计算厂商获得来自联想创投、朗玛峰资本、中关村科学城等多家机构的股权投资，B 轮融资的投后估值超 40 亿元。

2022 年 8 月，该隐私保护计算厂商成功通过北京市经济和信息化局认定，荣获第四批国家级"专精特新'小巨人'企业"称号。专精特新"小巨人"企业，是指专注于细分市场、聚焦主业、创新能力强、有较强品牌知名度、市场占有率高、成长性好的企业。2025 年以前，中央财政将累计安排 100 亿元以上的奖补资金，重点支持 1000 多家国家级专精特新"小巨人"企业。工业和信息化部正在完善"百十万千"梯度培育体系，从底层往顶层依次是 100 万家创新型中小企业、10 万家升级专精特新"小巨人"企业、1 万家国家级专精特新"小巨人"企业，以及 1000 家制造业单项冠军，最终打造领航企业。

国家级专精特新"小巨人"企业认定时需要同时满足专、精、特、新、链、品六个方面的要求，分别是专业化、精细化、特色化、创新性、产业链、产品。公司上年度主营业务收入总额占营业收入总额比重 70% 以上，近两年主营业务收入平均增长率不低于 5%；截至上年末，企业资产负债率不高于 70%；主导产品在全国细分市场占有率达 10% 以上；与企业主导产品相关的有效知识产权数量达到要求，上年度研发费用投入占营业收入总额比重达到要求，上年度研发人员占比 20% 以上；位于产业链关键环节，围绕重点产业链实现关键基础技术和产品的产业化应用，发挥"补短板""锻长板""填空白"等重要作用；主导产品原则上属于国家重点领域。

当前，该隐私保护计算厂商已建立完善的质量、信息安全、知识产权等管理体系并获得相应认证。研发推出的产品、技术、解决方案等获得多项专利著作权，目前已获著作权 54 项，共递交专利申请 260 余项，其中 210 余项专利已获得授权，另有多项均在审查过程中。

隐私保护计算不仅是保障数据要素流通安全性的重要技术基础，也为数据要素在企业级、行业级和跨行业级等不同层级实现流通架构起统一的管理平台。

对于主体多、业务多的企业集团内部，借助隐私保护计算技术，可以满足合规管理要求，突破数据在集团内部流通的限制。比如，银行总行和地区分行的数据互通，总行可以借助多方安全计算建立集成性数据平台，以此控制下面所有分行的数据交互。

行业级数据融合应用，即链接起同行业中的不同用户。例如，由该隐私保护计算厂商提供技术支持的国内首个行业级数据融合应用基础设施平台——金融行业隐私保护计算平台于2024年10月在"金融街论坛"正式发布。该平台由中国工商银行、中国农业银行、中国银行联合国家金融科技风险监控中心共同发起建设。目前，平台首批已接入中国工商银行、中国农业银行、中国银行、中国建设银行、交通银行、中国邮政储蓄银行、中信银行、中国光大银行、华夏银行、北京银行和杭州银行等十余家商业银行，是隐私保护计算走向产业大规模应用的重要里程碑。

跨行业级应用，主要应用场景是政务和商业、金融、医疗、教育等的跨行业数据融通。当前的政务数据在与金融数据融合的过程中存在诸多痛点。政府方面虽然设立了大数据共享中心，但其数据治理与共享机制不完善，金融机构方面由于缺乏完整的政务数据，面临着人工审核成本、数据维度、数据有效性等问题。基于多方安全计算技术的数据安全融合平台，可以作为政务数据的归集、处理和共享的支撑平台，在明确各方数据所属权和管理责任的情况下，实现政务数据在其他行业"可用不可见"。在保障政务数据安全的同时充分释放政务数据的应用价值红利。

六、未来探索：新技术与制度变革

私募股权投资行业中的一个重要环节是个人合格投资者认证，也就是对私募产品投资者的风险承受能力进行评估，认证过程中需要对存款证明、工资流水等信息进行分析。该隐私保护计算厂商认为，这恰恰是隐私保护计算技术可以替代传统认证流程的业务场景。

在传统认证流程下，每位业务办理者都需要到银行柜台开具各种证明以及第三方认证。监管部门也需要投入大量人力手工核实各类纸质信息，以确认合格投资者身份。但事实上，认证机构需要的信息仅仅是该人是否符合个人投资者条件，并不在意具体有多少存款等详细信息。由于数据跨部门流通尚不通畅，证监会与银行之间没有形成直接的核查渠道。

如果借助隐私保护计算技术开发一个合格投资者认证平台，全行业的数据就可以通过多方安全计算的方式去接入到金融机构数据库。现在客户要买一个产品或得到一个购买产品的授权，金融机构运用密文的方式就可以判读客户的条件是否满足，返回"是/否"的结果。整个过程只披露了客户是不是个人合格投资者的信息，没有暴露其他具体的信息。

但是，合格投资者平台的建立和管理并不是单纯的技术问题，相应的制度也需要进行变革。例如，监管部门需要认可这个平台的判断结果，需要允许在加密环节计算。一个新业务场景的探索，离不开技术进步和制度创新的相互配合。作为行业的领先者，该隐私保护计算厂商正在积极地配合监管机构推进制度创新。

随着越来越多的中国企业"走出去"，数据跨境的需求也将激增，而数据跨境对安全性的要求就更高了。

跨境数据业务场景的开发，也不单单是隐私保护计算技术的问题，还涉及诸如使用"数据海关"来判定哪些数据可以出境，哪些不可以；使用"智能合约"对算法的使用和数据的用途与用量加以审核；以及各类相关国际规则等一系列制度和法规问题。

目前，该隐私保护计算厂商还没有将国际化业务的开拓提上战略发展日程，但是，国际化的发展趋势也是其密切关注的方向。

第四节　掌握核心技术的硬科创进阶关键因素总结

一、氢阳能源关键成长因素小结

氢阳能源以自主研发的液态有机储氢技术为核心，正顺应"双碳"目标背景下氢能作为清洁能源的迅猛发展机遇。然而，成功跑通商业模式，实现商业化落地并非易事。

（一）内部技术：自主研发的液态有机储氢技术

氢阳能源核心技术是自主研发的常温常压液态有机储氢（LOHC）技术，公司拥有完全自主知识产权，并且已建设了万吨级生产能力。

1. 原创性：原创储油、氢油

储氢技术在全球氢能领域一直是重点研究对象，而氢阳能源董事长程寒松教授的研发历程尤其引人注目。程教授通过量子化学理论模拟，最终在2014年中国地质大学（武汉）的实验室中研发出了能反复使用的液态有机储氢材料"储油"。"氢油"在脱氢后还原为"储油"，可回收再利用。每吨"储油"每年循环50次左右，可支持约50t"氢油"的生产。氢阳能源的成立正是为了推动这项技术率先在中国实现商业化应用。

2. 自主性：全产业链自主知识产权

氢阳能源在氢能产业链的上游制氢、中游储运和下游用氢各环节上均具备自主知识产权，打造了完整的产业链技术。

在上游制氢领域，公司拥有垃圾制氢技术的多项专利，尤其是超高温垃圾转化制氢油技术。此技术通过垃圾气化直接获取氢气，突破了传统垃圾热解气化技术局限，实现了从研发到规模生产的自主可控能力。

在中游储运方面，公司的常温常压液态有机储氢技术申请了超过80项国内外专利，拥有美国、欧盟和日本等地区的专利授权。在液态储氢领域，氢阳能源在安全性和脱氢难度方面已处于全球领先地位。

在下游用氢环节，氢阳能源拥有燃料电池高温质子交换膜等核心部件的多项专利，并具备量产能力，其高温质子交换膜产品热稳定性、机械性能及质子电导率均优于行业标准，为燃料电池产业提供了技术保障。

3. 成熟度：从科研走向产业化

程教授带领科研团队不断完善液态有机储氢技术，并于2018年在湖北宜昌建设了全球首个常温常压液态有机储氢材料工厂，为市场提供千吨级储油生产。2022年，日产氢气400kg的撬装式氢油储供氢设备完成调试并交付客户，这是公司液态储氢技术走向工业应用的标志性里程碑。2023年，全球首套常温常压液态有机储氢加注一体化装置在上海启动，展示了氢阳能源将储氢技术系统化应用的能力。

此外，氢阳能源与中国化学集团在垃圾制氢油热电联供项目上合作，推进了氢能无害化处理及热电联供应用。该项目使氢阳能源接触到更多国企和央企资源，为后续的业务拓展提供了重要支持。

（二）外部技术：多种技术路线并存

氢能行业正处于技术路线多样化的关键阶段，储氢技术的变革正在朝着高密度、轻量化、低成本、多样性和高安全性的方向推进。随着氢能应用的扩展，氢阳能源的LOHC技术有望逐渐成为储氢领域的主流选择。短期内高压气态储氢将继续主导市场，但随着技术发展和产能扩大，具备长时间、长距离储运优势的液态储氢、管道输氢和固态储氢在未来有望成为行业的重要组成部分。

1. 关键性：氢的储运环节是当前制约氢能规模应用的主要瓶颈之一，LOHC 是规模化储运氢解决方案

储氢技术涵盖从氢气制备到最终应用的整个产业链，是氢能发展中至关重要的一环。由于氢气的物理和化学特性，使得储运存在诸多挑战。一方面，氢气是密度极低的气体，体积能量密度低且扩散系数高；另一方面，其燃点低、爆炸极限宽，增加了储运的安全要求。储运成本目前占到氢气终端价格的 30% 左右，如何实现高效、经济、安全的储运是氢能利用走向实用化的关键，也是行业现阶段的主要瓶颈。

现有的储氢方式中，高压气态储氢应用广泛，技术成熟，但存在储氢密度小、安全性差、加氢站建设成本高等问题；低温液态储氢密度大，但成本高昂，主要用于航天和军事领域；固态储氢技术虽然安全性高，但尚不成熟；液态有机储氢则具备储氢密度高、安全性强的优势，能有效利用现有石油基础设施进行长距离运输，特别适合于规模化储运。

2. 嵌入性：LOHC 氢气原料适应性高，与现有能源基础架构高度匹配

LOHC 技术具备广泛的上游原料适应性和下游基础设施嵌入性。LOHC 技术对氢气纯度要求较低，能够接受纯度高于 80% 的氢气原料，而传统高压气态储氢和低温液态储氢对氢气纯度要求更高。通过氢油催化脱氢，LOHC 技术可将原料氢气纯度提升至 99.9%，简单纯化后达到 99.99%，完全符合燃料电池对氢气纯度的要求。这使得 LOHC 能够更好地利用工业副产氢、垃圾气化制氢等多种来源氢气，从而拓展了原料来源。

在基础设施兼容性方面，液态有机储氢技术可与现有加油站设施良好兼容，现有加油站只需少量改造即可改建为加氢站。LOHC 加氢站的建设成本仅需二十多万元，远低于其他加氢站几千万元的建设成本，具备广阔的

市场潜力。

高压气态储氢在国内应用成熟，适合小规模、短距离的运输。未来的发展方向是提升车载储氢容器的压力水平，进一步提高安全性。低温液态储氢主要在国外应用，国内则多用于航天和军工领域，其优势在于储氢密度高，但液化过程耗能大，目前尚未普及民用。相较之下，液态有机储氢和固态储氢更适用于长时间、长距离的储运，但商业化进程仍需成本进一步下降。其中，固态储氢具备常温常压储氢的优势，有望通过科研和示范项目的推动来降低成本，提升可行性。而液态有机储氢的优势在于储氢密度高，能够实现长时间、远距离的储运，并且与现有石油储运设施高度兼容。大规模长距离的运输成本优势，虽需产业化推广做进一步验证，但具备显著的应用潜力。

《中国氢能源及燃料电池产业白皮书》（2019版）预测指出，中国氢气储运将经历"低压到高压""气态到多相态"的技术演进过程。氢能市场初期阶段，高压气态运输因成本较低且具性价比而更适用；至2030年，随着市场需求的增加，氢气运输半径将扩大，气态和低温液态储运将成为主流；到2050年，氢能储运将向高密度、高安全方向发展，构建完善的氢能管网，配套固态和液态有机等储运标准。

（三）外部商业：政策东风助力技术产业化

氢能产业的快速发展在很大程度上得益于碳中和目标驱动下的政策支持。作为全球能源结构转型的关键，氢能受到了各国的高度重视，而中国政府也将氢能产业发展上升到国家战略高度，展现了较强的政策支持和资源倾斜力度。

1. 政策

中国的氢能政策起步相对较晚，但经历了技术研发、初步推动商业化、重点加速发展三个主要阶段。在"十一五"规划期间（2006—2010年），中国开始推动制氢、储氢和燃料电池组件材料的技术研究。随着燃料电池技术的成熟，国家发展改革委和能源局逐步提出氢能发展的政策愿景。2016年起，政府着手推广燃料电池汽车的商业化，但缺乏系统性的战略规划。自2019年氢能首次被写入政府工作报告以来，氢能的战略地位得到大幅提升，标志着其在中国能源战略中的重要性逐渐凸显。各地方政府随之发布相关支持政策及发展规划，为氢能发展奠定了政策基础。

2022年3月，国家发展改革委和能源局联合发布了《氢能产业发展中长期规划（2021—2035年）》，明确了未来15年内中国氢能产业发展的战略路线和目标。根据该规划，中国氢能产业发展目标如表3-6所示。

表3-6 中国氢能产业发展目标（2021—2035年）

目标时间	总体目标	具体目标
2025年	形成较为完善的氢能产业发展制度政策环境，产业创新能力显著提高，基本掌握核心技术和制造工艺，初步建立较为完整的供应链和产业体系。氢能示范应用取得明显成效，清洁能源制氢及氢能储运技术取得较大进展，市场竞争力大幅提升，初步建立以工业副产氢和可再生能源制氢就近利用为主的氢能供应体系	燃料电池车辆保有量约5万辆，部署建设一批加氢站。可再生能源制氢量达到每年10万~20万t，成为新增氢能消费的重要组成部分，实现二氧化碳减排每年100万~200万t
2030年	形成较为完备的氢能产业技术创新体系、清洁能源制氢及供应体系，产业布局合理有序，可再生能源制氢广泛应用，有力支撑碳达峰目标实现	—
2035年	形成氢能产业体系，构建涵盖交通、储能、工业等领域的多元氢能应用生态。可再生能源制氢在终端能源消费中的比重明显提升，对能源绿色转型发展起到重要支撑作用	—

从政策路径来看，发展阶段各有侧重。第一个五年规划着眼于构建制度和政策环境，推动关键技术突破及供应链建立；第二个五年规划则聚焦创新

体系的完善，强调产业布局的合理性；第三阶段则致力于构建多领域氢能应用生态，突出可再生能源制氢的战略地位，助力实现国家能源结构转型。

储氢作为连接氢制备与应用的重要环节，在国家政策引导下正得到更多关注（见表3-7）。《氢能产业发展中长期规划（2021—2035年）》明确提出，未来将重点推进多元化储氢方式的探索与应用，逐步构建低成本、高效率的储运体系。当前政策支持主要集中在供应端，而政策重心正逐步向氢能应用端转移，未来在氢燃料电池车等领域有望获得更广泛的政策扶持，从而形成政策引导、示范应用、规模发展的良性循环。

表3-7 中国储氢发展战略和产业政策

发布时间	发布部门	政策名称	重点内容
2021年11月	国务院	《新能源汽车产业发展规划（2021—2035年）》	提高氢燃料制储运经济性。加快推进先进适用储氢材料产业化。开展高压气态、深冷气态、低温液态及固态等多种形式储运技术示范应用。健全氢燃料制储运、加注等标准体系
2022年1月	国家发展改革委、能源局	《"十四五"新型储能发展实施方案》	开展氢（氨）储能等关键核心技术、装备和集成优化设计研究；推动长时间氢储能等新型储能项目建设；加快可再生能源制储氢（氨）、氢电耦合等氢储能示范应用
2022年1月	国家发展改革委、能源局	《关于完善能源绿色低碳转型体制机制和政策措施的意见》	探索输气管道掺氢输送、纯氢管道输送、液氢运输等高效输氢方式。探索建立氢能产供储销体系
2022年3月	国家发展改革委、能源局	《氢能产业发展中长期规划（2021—2035年）》	支持开展多种储运方式的探索和实践。提高高压气态储运效率，加快降低储运成本，有效提升高压气态储运商业化水平。推动低温液氢储运产业化应用，探索固态、深冷高压、有机液体等储运方式应用。开展掺氢天然气管道、纯氢管道等试点示范。逐步构建高密度、轻量化、低成本、多元化的氢能储运体系

资料来源：各政府网站。

2. 经济

在氢能产业链的经济发展方面,中国目前已展现出强劲的增长势头,尤其是在制氢、储氢和用氢三个主要环节上。

在制氢环节,根据国际能源署(IEA)的数据,2022年全球氢气产量接近9500万t,同比增长3%。其中,中国作为全球最大的制氢国,年氢气产量约3300万t,占全球总产量的30%左右。目前,化石能源重整制氢仍是全球制氢的主流方法,占比接近80%,其次是工业副产氢。相较之下,电解水制氢在全球产量中的占比依然较低,但其发展潜力巨大,未来将有望逐步提升。

在储氢环节,EVTank的统计数据显示,截至2023年上半年,全球共建成1089座加氢站,其中中国建成了351座,占全球总数的32.2%。据中国氢能联盟预测,到2025年,中国的加氢站数量将达到1000座,到2030年将增至5000座,2021~2025年复合年均增长率预计为46.3%,而2025~2030年则为37.9%。这一快速扩张趋势展示了中国在储氢基础设施建设方面的积极进展。

在用氢环节,目前全球氢能的主要终端应用仍集中在石油化工领域,如石油炼制、合成氨、合成甲醇和钢铁制造等,合计需求量占全球氢能终端需求的绝大多数。相比之下,交通运输、氢基燃料生产、发电和储能等新兴领域的氢气需求占比尚不足0.1%。在中国,国家能源局数据显示,截至2022年,全国已运营的氢燃料电池车辆约6000辆,主要应用于客车和重卡,占全球总量的12%。中国氢能联盟预测,到2050年,中国氢能市场的总体应用规模将接近6000万t,涵盖工业、交通和其他领域,其中工业需求预计达3370万t,交通需求约为2458万t,其他领域约为110万t。此外,到2025年,氢燃料商用车年销售规模有望达到1万辆,到2030年将进一步增长至10万辆,市场规模潜力预计接近千亿级别。

综上所述，虽然中国的氢能市场目前仍处于初期发展阶段，市场规模相对较小，但行业增速较高。根据中国氢能联盟的预测，2023~2035年，氢能行业的整体市场规模复合年均增长率将超过60%，未来市场前景广阔。

3. 社会

全球能源结构的转型和调整是未来人类社会面临的重大挑战，而氢能作为一种清洁、无污染、可再生的二次能源，展现出巨大的发展潜力，正在成为能源结构调整的关键方向。凭借其卓越的环保属性，氢能被认为可能取代化石能源，成为未来能源支柱之一。

在工业、交通、建筑等多个领域，氢能显示出广阔的应用前景。在工业领域，氢能可作为焦炭和天然气的替代品，用作还原剂以减少炼钢行业的碳排放。在交通领域，公路长途运输、铁路、航空和航运行业纷纷将氢能视为减少碳排放的重要燃料选择之一。氢燃料电池不仅可以为建筑提供电力，其发电过程中的余热还可用于供暖和热水供应，进一步减少碳排放。此外，氢能还能作为新型储能形式，尤其是在电氢耦合方面，在构建现代能源体系中发挥重要作用。

然而，氢能的推广也面临安全性方面的挑战。由于氢燃料本身具有高度易燃易爆的特性，安全隐患较大。加氢站及氢燃料配套设施的爆炸案例在国内外偶有发生，引发了社会对氢能安全性的关注。因此，在推进氢能发展的过程中，各个环节，尤其是储运环节，需要格外重视安全设计，采取本质安全的措施以尽可能减少风险。

总体而言，我国氢能市场目前的规模相对较小，主要受到政策起步较晚、技术路线尚未完全明确，以及潜在安全性问题等因素的制约。然而，随着政策的逐步完善和技术的不断创新，氢能的安全性和清洁性将成为未来发展的主要方向，这一领域有望迎来更广阔的增长前景。

（四）内部商业：商业化更需考虑技术与市场的适配性

氢阳能源作为一家拥有全产业链技术布局的科创型企业，正积极致力于将自主研发的科技成果转化为商业价值。然而，要在实际应用中打开市场，关键在于找到准确的市场定位，打造与应用需求高度匹配的技术解决方案。

1. 战略：及时调整战略布局，从全产业链布局逐渐发展到更加贴合市场应用端需求、找准市场定位、精准发力

氢阳能源在上游侧重于垃圾制氢，开发出一种环保、可持续的氢能生产方法；中游则致力于推动 LOHC 技术的商业化应用，将氢能储运带入"常温常压"的新时代；下游在燃料电池核心零部件方面，氢阳能源不断开拓创新，开发高温质子交换膜、膜电极和电堆等技术，以实现从制氢到终端应用的全链覆盖。

公司聚焦 LOHC 技术——一个在发展初期亟须市场认可的新兴技术。为了推动 LOHC 产品"氢油"和"储油"在实际应用中的落地，氢阳能源与下游客户合作开发了多个示范项目，并在储能、工业、交通和发电领域建立起示范场景。比如，与云南电网合作，氢阳能源开发了一套电—氢—电储能转换系统，通过电解水将电能转化为氢，并储存在液态有机材料中，最后利用燃料电池发电，成功实现了 50kW 的连续稳定发电功率。同样，公司还在交通领域进行大胆探索，与扬子江客车、江淮汽车等联合开发的 5 款燃料电池车型已经成功应用于公共交通。

然而，尽管这些示范项目展示了技术的可能性，但在转化为稳定的盈利模式上仍面临挑战。当前的下游市场需求还未完全打开，这对 LOHC 的广泛应用带来了限制。在长距离大规模运输需求相对较小的情况下，高压气态储氢仍是市场主流，而 LOHC 的成本优势尚未完全显现。尽管氢阳能源的氢油可与现有加油站设施匹配，只需少量改造即可投入使用，但在储氢技术路线仍不明朗的阶段，加氢站的大规模建设还需时日。

在上游制氢方面，氢阳能源的垃圾制氢技术表现出显著的成本和环保优势。氢阳能源测算即将落地的上海项目，日处理400t垃圾，每年可生产300t氢油，满足1000辆大巴的需求。这种方法不仅可以解决垃圾的无害化和低碳化处理问题，还为氢能行业提供了可靠的原料来源，成为城市垃圾处理的双赢方案。相比填埋和焚烧发电，垃圾热解气化制氢是一项更具生态效益的解决方案，也极具发展前景。

在燃料电池核心零部件领域，氢阳能源在高温质子交换膜方面的技术潜力尤为突出。作为燃料电池的核心部件，质子交换膜直接影响燃料电池的性能，而高温质子交换膜相比传统技术更具优势，能提升对CO的耐受能力、简化水热管理并提高能量转化效率。国内目前具备高温质子交换膜生产能力的企业寥寥无几，而氢阳能源的产品性能优异，且已实现批量生产，有望在这一细分市场中迅速占据优势。国家在燃料电池核心部件领域的政策支持，也为氢阳能源的发展提供了坚实后盾。

尽管氢阳能源已在技术研发上积累了深厚经验，实现了全产业链布局，但在商业化过程中，更需注重技术与市场需求的适配性。为此，氢阳能源紧密关注市场应用端的需求，灵活调整战略，不断优化产品定位和市场推广。科技创新固然是前行的动力，但能否在市场中成功立足，归根结底还在于技术创新与市场适配的平衡。氢阳能源正在迈出稳健的步伐，以精准的市场定位和技术领先的产品，稳步走向未来的成功之路。

2. 人才：氢能领域积累深厚

氢阳能源拥有130多名专业员工，其中博士8人、硕士23人。公司创始人和核心团队在氢能技术领域拥有深厚的技术积累和丰富的研发经验，确保了公司在储氢技术上具有卓越的技术优势。

3. 企业家精神：从科学家到企业家

程寒松教授作为氢阳能源的创始人兼董事长，三十多年来始终活跃在氢能领域，从科研学者到科创企业家，他的职业经历充满了探索与创新。从理论研究到成果转化，程教授不仅具备强大的科研实力，还对技术产业化的生态环境有着深刻理解。正是这种科技和管理相辅相成、双轮驱动的发展模式，使氢阳能源始终走在科创企业的前列。

在科技成果走向市场的过程中，氢阳能源的成功之道在于技术创新与市场需求的精准契合。未来，公司还需在市场应用端持续关注并灵活调整战略布局，以期在激烈的市场竞争中抓住机遇，实现长足发展。

二、瑞莱智慧关键成长因素小结

瑞莱智慧的创业契机源于清华大学人工智能领军人物张钹院士对构筑安全、可信、可靠和可扩展的第三代人工智能的前瞻性技术理念。第三代人工智能与美国在 2018 年由国防高级研究计划局提出的发展下一代 AI 以及人工智能探索计划基本相同。

瑞莱智慧由张钹院士和清华计算机系教授朱军共同担任首席科学家，公司成立之前，核心团队成员在清华大学就已经开展了相关的研究。在两条技术路线上，累计获得各项知识产权百余项，授权发明专利近 50 项。在技术自主性方面具备优势。

从张钹院士为构筑安全可靠的通用人工智能指出的两条发展思路来看，其一通过概率或向量等方法将知识表达出来，用对抗样本来训练算法。其优势在于与现有算法的兼容性强，将深度学习的优势与数学工具加以结合。其劣势在于，识别能力仅限于特定对抗样本。而其二是通过无监督学习或预训练等，借鉴人脑神经网络的注意机制、反馈连接、多模态、记忆等模式，建立模型。这一思路的实现，需要更长的技术开发周期。总体来看，无论哪条技术路线，成熟度均偏低。因此，尽管瑞莱智慧在内部技术方面有较好积累，但是，难点在于找到技术的具体落脚点（参见图3-14）。

从瑞莱智慧面临的外部技术环境来看，2018年前后，人工智能开始在各垂直领域落地。在计算机视觉诸多主流应用场景的背后，由技术性缺陷导致的算法安全风险也逐渐暴露出来。人工智能安全议题开始从学术圈走向社会。人工智能能力要想深度渗透到金融、医疗等复杂的高价值场景，必须更加安全、可信、可靠和可扩展。与此同时，在人工智能全球化的开源环境以及大量工具包的助推下，AI对抗样本等攻击手段日益变得复杂，相关防御手段的普及和推广却难以跟上。

通过梳理外部环境，不难发现，瑞莱智慧在进行产品化的过程中，重点在于增加与上下游技术的嵌入程度。

从外部商业维度来看，人工智能安全问题，不仅在政策环境上具有很强的敏感性，对于敏感行业的企业用户来说，也是智能化升级过程中最大的痛点。瑞莱智慧深刻理解行业政策环境和用户需求，将第三代人工智能这样一个颇具前瞻性的技术理念，有效地转化为具体的技术产品。

瑞莱智慧认为，一方面，市场需要自动化的人工智能检测工具和防御工具，即类似于网络安全的杀毒软件产品。另一方面，相比于网络攻防，对抗样本等AI算法漏洞检测等AI攻防技术壁垒更高，大部分企业与组织不具备该领域的专业技能来妥善应对日益增长的恶意攻击。

瑞莱智慧作为孵化自清华大学人工智能研究院的创业团队，其技术实力、团队构成与核心资源被投资机构看好。企业能紧密结合行业痛点，将研发资源聚焦在满足行业需求的产品开发上，每一款产品都切中行业需求痛点。瑞莱智慧的几乎每一次新产品发布，都与股权融资节奏相配合，充分借助外部金融环境不断构筑商业版图（参见图3-15）。

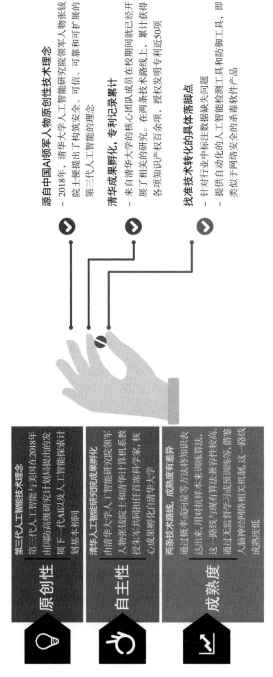

图 3-14 瑞莱智慧之内部技术能力

第三章 掌握核心技术的典型进阶路径 143

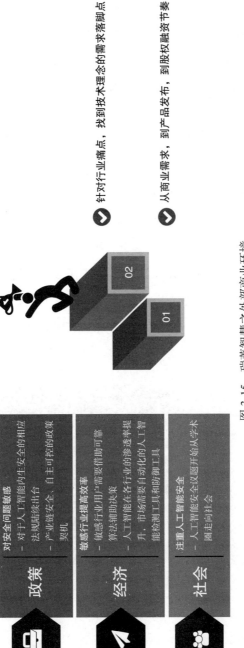

图 3-15 瑞莱智慧之外部商业环境

在内部商业维度方面,瑞莱智慧基于前瞻原创技术理念和自主性技术成果,采用领先者的技术创新战略,围绕人工智能安全的具体行业痛点,找到技术落脚点。瑞莱智慧采用密集型成长战略,重点针对工业、金融、公共治理服务等敏感行业,开发可复制、规模化应用的产品,提高产品在重点细分领域的渗透率。

瑞莱智慧核心团队来自清华,通过以赛促建、以赛促研,与清华大学的联合战队,获多项国内、国际安全大赛奖项。2019年12月,瑞莱智慧获得国家高新技术企业认证。2020年8月,成为全国信标委人工智能分委会首批会员单位。2022年8月,瑞莱智慧入选国家级专精特新"小巨人"企业。2022年11月,瑞莱智慧获批设立博士后科研工作站。瑞莱智慧构筑强化自身在技术领域的影响力和领先地位,充分依托政策扶持,汇聚更多人工智能尖端人才。瑞莱智慧创始人田天注重技术的商业转化。创始团队在产品开发和技术研发过程中,不断探索通用人工智能创造力和可控性的动态平衡(参见图3-16)。

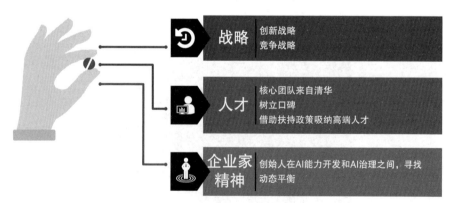

图3-16 瑞莱智慧之内部商业能力

三、某隐私保护计算厂商关键成长因素小结

某隐私保护计算厂商的案例在技术原创性、自主性方面均有明显优势。

就细分技术本身而言，在20世纪80年代多方安全计算就已经具备基本的技术成熟度了，但在当时缺乏一定的数据基础和市场环境，隐私计算尚无用武之地。

某隐私保护计算厂商以打造数字基础设施为目标，具体体现在业务架构方面，某隐私保护计算厂商进行了分层级的基础设施建设，即分为企业级、行业级和跨行业级。三级生态体系层次分明、互联互通，前一级生态可作为后一级生态的有机组成部分，共同形成互相融合、互利互惠、良性循环的数据生态圈。

"高举高打"的设计理念涉及大量工程化问题。工程化一方面涉及打磨产品的执行，团队磨合，从科研能力到工程化能力。打磨产品的周期分阶段迭代，从参赛成果，到试点项目。实现让密文计算的效率和规模接近于明文大数据系统。另一方面，隐私计算领域多技术路线共存，各有优缺点和适用场景，要从单一原创、自主技术，到满足多需求场景，需要以多方安全计算为基础，结合联邦学习、可信计算、数据脱敏、差分隐私和区块链等技术，打造多方安全计算平台产品，实现多方安全计算产品的实际可用性和商业易用性。

作为知名院士学者的成果转化，该隐私保护计算厂商既是应数据流通之大势，也跟众多科创企业一样，面临外部商业环境的相对不成熟不完善所带来的挑战。从政策层面看，数据要素流通的法规制度政策尚不尽完备。数据流通的法规制度类因素，例如数据资产的评估、确权、价值分配等问题，从不完备到陆续出台。从经济逻辑来看，数据安全的投入对数据方意味着额外的"成本"，多数企业出于合规要求，会在数据安全方面进行投

入,满足企业级要求的计算,成本必须要降下来。能够负担起计算成本的数据需求场景有限,金融行业是优选。在社会层面,公众对数据安全的关注逐渐提升,监管机构对安全的技术路线和标准仍在持续摸索中。

针对上述外部商业环境,该隐私保护计算厂商积极推动并参与行业标准制定和制度创新。作为行业的领先者,该隐私保护计算厂商积极地配合监管机构推进制度创新。

鉴于短期商业逻辑难以建立,该隐私保护计算厂商积极进行股权融资,充实企业经营现金流。对于多数拥有数据的企业,引入隐私计算等数据安全技术会增加成本,仅满足合规即可。数据价值高的行业,对技术的成熟度要求也高,因此,隐私计算要做到又好用又便宜,周期较长。技术赛道被资本看好,自创立以来,该隐私保护计算厂商几乎每年都要进行一轮股权融资,充盈运营资金。该隐私保护计算厂商积极参加有奖竞赛,争取商业试点用户。参加了北京市地方金融监督管理局主办、清华大学五道口金融学院承办的"首都金融创新激励项目",其"安全数据融合支持金融领域创新应用"项目获得2019年度首都金融创新激励。2021年,该隐私保护计算厂商承建了某股份制商业银行业内首个企业级数据流通基础设施平台建设项目。

2019~2020年,该隐私保护计算厂商连续参展中国国际服务贸易交易会,不断向业界宣传隐私计算在数据要素流通中的作用,提升社会公众认知。

近些年,关于数据要素流通的相关政策陆续出台。2019年11月,"数据"首次被列为生产要素。2020年3月,数据被作为一种新型生产要素写入国家政策文件中。2021年12月,《"十四五"数字经济发展规划》加快构建数据要素市场建设。2022年,国家发布了数个针对数据要素的政策文件,被称为数据要素产业元年。

技术和法规制度是阻碍数据要素流通的屏障。随着促进数据要素流通的法规制度日渐完备，隐私计算的技术赛道相关配套技术也快速迭代。

在技术环境维度，数据要素安全流通需要着重关注数据可信确权技术、数据资产化技术、数据安全保障技术、数据流通机制技术等四大主要技术领域。能够全生命周期保护信息数据的"隐私计算"技术是数据要素流通的关键技术之一。该隐私保护计算厂商掌握的核心技术——多方安全计算，属于隐私计算中对底层数学严谨性要求很高的技术，适用于高敏感、高数据价值场景，如金融领域。

隐私计算技术要与多场景数据结构和特征以及其他软硬件环境的兼容，对技术与上下游配套技术的嵌入性要求很高。因此，该隐私保护计算厂商着重于：满足多技术路线的开放式、兼容的技术架构；提高算法开发的通用性和易用性；通过通用可组合性来支持不同的上层应用。

该隐私保护计算厂商在内部商业维度方面也有很多值得其他科创企业借鉴的举措。首先，在战略方面，该隐私保护计算厂商依托原创、自主技术，采用领先者的技术创新战略。专注于隐私计算赛道，提升行业进入门槛。配合国际化金融机构的全球业务，以及中国科技企业走出去，关注国际化机会。

在人才方面，该隐私保护计算厂商创立不久便采用了科学家＋投行背景 CEO 的强强联合、优势互补的高管架构。

在企业家精神方面，核心管理层不仅带领技术团队推进工程化实施，不断磨合，不断迭代产品版本，还引入相关专业人才，起草政策性文件、行业白皮书，专精特新"小巨人"申报材料。在人才队伍建设方面，注重技术研发和参与政策标准制定两条腿走路。

CHAPTER 4

第四章

硬科创进阶与内部商业能力

　　硬科创企业技术起点高，相应的也对企业内部商业能力提出了更高要求，例如，为新兴技术设计有效的商业模式，持续引领企业在不确定性较高的环境下迭代的企业家精神，技术快速发展背景下创新战略的制定与执行，以及解决企业快速成长中面临的管理与人才问题，等等。本章精心选取三个典型案例，包括：智能语音产业的领导者——科大讯飞，新能源换电重卡的模式大师——智锂物联，以及以新技术切入环保细分赛道的智能环保企业。

　　对本章三个典型案例的分析，侧重于本书"硬科创进阶四象限"分析框架的"内部商业能力"。内部商业能力如何有效应对在技术逐渐成熟并逐步形成"造血能力"过程中的各类挑战，是硬科创企业进阶之路上的必修课。本章三个案例所展现出的内部商业能力并非满分答卷。但是，案例企业在企业家精神、创新战略、商业模式、运营管理和人才战略等诸多方面遇到的挑战和具体应对措施，值得更多的硬科创企业借鉴。

第一节　从科大讯飞自然语言处理进阶之路看企业家精神

一、智能语音：通向人工智能的起点

语音是人类沟通和获取信息最自然最便捷的方式，在社会信息化、网络化、智能化的发展趋势下，智能语音技术既可用于国防等国家战略需求领域，亦可进入亿万家庭，造福百姓生活，在社会生活的众多领域都有着广阔的应用前景。智能语音技术是通过声音信号的前端处理、语音识别、自然语言处理、语音合成等技术，实现人机语音交互，从而让人在与机器交流时更为方便快捷，具体包括语音识别技术（ASR）和语音合成技术（TTS）。20世纪90年代前后，计算机技术虽然正在如火如荼地向人类社会生活的每一个领域渗透，但是，从总体上看，仍然处于发展的初期阶段，计算机仍然无法理解人类的语言，也无法将语言转化为声音，因此，许多程序性、事务性的繁杂工作仍然主要由人工操作，例如，接打电话需要首先拨至电话总机，然后由人工转接至分机，工作效率低下。如果计算机能够识别人类语音，将其转化为数字化文本，或者将文本转化为语音，计算机将代替人工从事一些基础、烦琐的事务，将人们从枯燥的事务性工作中解脱出来，将极大地提高工作效率。因此，在当时，智能语音技术是一项具有极大应用前景的前沿技术，是人类通向人工智能的起点。

中国科学技术大学（简称"中科大"）王仁华教授从1967年开始任教于中国科学技术大学电子工程与信息科学系，长期从事人机语音通信、数字信号处理、多媒体通信方面的科研和教学工作。1980年，王仁华教授在

美国诺特丹大学做访问学者期间，了解到语音信号的数字处理技术。王仁华从美国访学回国以后，于 1985 年成立了语音通信实验室，开始研究智能语音技术①。此后，王仁华向国家 863 计划专家组申请研究课题，1987 年，我国国家 863 计划智能计算机专家组为语音识别技术研究专门立项，支持语音识别技术的研究。到 1991 年，王仁华的实验室技术已经应用于安徽电信"114 查号台"、安徽省邮电局"117 报时系统"等多个项目，而且"语音身份确认系统"已获得安徽省科委（现安徽省科学技术厅的前身）技术成果鉴定，其主要技术性能接近 20 世纪 80 年代末期的国际先进水平。1993 年，在中科大召开的全国语音识别与合成研讨会上，王仁华教授提出的试用播音员录音的基因片段加处理的方法获得了当时 863 专家组的肯定，在此之后，王仁华教授的课题获得了 863 计划的滚动支持。1994 年王仁华团队在中科大建成"汉语识别语音数据库"，同时，团队基于机器语音识别技术研制成功了我国第一个普通话水平测试自动评测系统，被认定为我国"普通话推广历史上一次重大技术革命"②。1995 年和 1997 年，中科大王仁华团队在 863 专家组主持的文语转换系统评测和中期检查中获得多项第一。1998 年，团队参加了在北京的 863 语音合成评测，在评测中获得了 3 分，成为当时"唯一达到了可实用阶段"的语音合成技术③。1998 年 8 月，在"国家火炬计划十周年成就暨高新技术产品博览会"中，中科大的语音合成系统被选为唯一的软件标志性产品而列在特展位。1998 年 12 月，在新加坡举行的首届"国际汉语口语处理年会"上，中科大的 KD 语音合成系统得到与会各国专家的高度评价。

任何一项创新技术，只有成功进行产业化转化，才能真正转化为现实

---

① 刘庆峰. 星火相传 [M]. 北京：电子工业出版社，2024.
② 王仁华，"让世界聆听我们的声音"，2023 年 10 月 8 日。
③ 刘庆峰. 星火相传 [M]. 北京：电子工业出版社，2024.

生产力。随着王仁华教授团队智能语音技术的成熟，技术产业化提上了议事日程。此时，王仁华教授的学生刘庆峰开始担当重任。刘庆峰 1990 年考入中国科学技术大学，在校期间，因学业成绩突出，1992 年就被导师选入中国科技大学与国家智能计算机研究开发中心共同设立的"人机语音通信实验室"参与科学研究，并且自 1995 年起就作为该实验室所承担国家 863 项目"KD 系列汉语文语转换系统"的主要负责人，开展智能语音技术研究，在语音合成等领域的多项关键技术创新中发挥了重要作用，曾获中国科学院系统内"院长奖学金特别奖"等多项奖励，并于 1998 年在新加坡召开的首届国际汉语口语处理年会上获得语音合成领域唯一的"最佳学生论文奖"。

万事俱备，只欠东风。1998 年，即将硕士毕业的刘庆峰跟导师王仁华提出了创业的想法，王仁华毫不犹豫地表示支持。由此，刘庆峰在导师王仁华教授的支持下，带领一群年轻的师兄弟，毅然踏上了创业之旅。

二、扬帆起航，驶向辉煌

1998 年，在技术发明人、导师王仁华教授的技术授权和支持下，刘庆峰与实验室的师弟和校友以语音合成技术为基础，共同组成了创业团队。早期方案是直接加入福建中银集团和中科大联合成立的"中科大中银天音智能多媒体实验室"，并同时成立合肥研究基地。但是，由于福建中银出现经营困难，连实验室员工的工资都发不出来，合作不理想。于是，1992 年初，联合实验室的员工开会决定独立成立公司。但是，成立新公司需要资金，刘庆峰通过游说当时的安徽省经济贸易委员会、安徽省计划委员会⊖，成功获得 60 万元资金支持。此后，创业团队又筹集了一些资金，将原来卖

⊖ 根据《中共中央、国务院关于安徽省人民政府机构改革方案的通知》（中委［2000］63 号），安徽省计划委员会更名为安徽省发展计划委员会。

给福建中银集团的技术买回，于1999年6月成立了安徽硅谷天音科技信息有限公司（即"硅谷天音"），注册资金300万元，从而形成了创业企业的雏形。公司第一大股东是福建硅谷电脑有限公司，第二大股东是科大实业（持股20%，以无形资产入股），第三大股东是金安实业，其余是刘庆峰、王仁华等9名自然人，刘庆峰担任CEO。此后，1999年10~11月，公司经过三次股权变更，刘庆峰从福建硅谷电脑有限公司收购股权，并在实验室团队内重新分配股权，福建硅谷逐步退出，刘庆峰成为公司第一大股东，科大实业成为第二大股东，王仁华成为第四大股东[一]。

但是，随着创业的推进，由于没有收入，公司很快陷入财务困境，曾经一度出现资金链断裂的危险，1999年底，公司账上只有7万元现金了，而公司一个月的支出（员工工资加研发费用）需要30多万元。1999年，在合肥市政府的撮合与支持下，硅谷天音获得了安徽信托投资公司、美菱集团和合肥永信公司的共同投资，共计3060万元，这帮助企业度过了最初的艰难阶段。1999年12月30日，创业企业也改组为安徽中科大讯飞信息科技有限公司（即"讯飞有限"），刘庆峰等22位自然人以所持硅谷天音100%股权对应的净资产折股2940万元作为出资（其中：实物资产作价300万元，无形资产作价2640万元），公司正式创立，注册资本6000万元[二]。公司其他两位股东为原硅谷天音的股东科大实业、安徽省企业技术开发投资有限责任公司（后更名为"经贸投资"）。

公司创立以后，经历了一系列股权变更，包括2000年引入了复星高科，2001年引入联想投资与火炬高科，2002年引入英特尔（中国）等，2007年4月，公司整体变更为股份有限公司，2008年5月12日于深交所中小企业板上市，成为我国第一家由大学生在导师支持下创业，从大学实验室技术

㊀ 刘庆峰. 星火相传［M］. 北京：电子工业出版社，2024.
㊁ 《科大讯飞首次公开发行股票招股说明书》。

发展起来的高科技公司。目前，科大讯飞是我国人工智能与语言产业的龙头企业，2022年公司销售收入达到188亿元，科大讯飞的成长与壮大还带动了合肥中国声谷产业园的发展，形成了在全国有影响力的语音产业聚集。

三、整合核心技术，实现技术产业化转化

如前所述，科大讯飞早期创业的核心技术是中科大实验室的语音合成技术，即用计算机合成人的声音，以将任意文字信息转换为语言输出，该项技术是中国科学技术大学王仁华教授几十年科研成果的积累。此后，公司进一步将技术扩展为智能语音技术，主要包括语音合成技术、语音识别技术、语音评测技术等。语音合成技术是让机器开口说话，通过机器自动将文字信息转化为语音；语音识别技术是让机器听懂人说话，通过机器自动将语音信号转化为文本及相关信息；语音评测技术是通过机器自动对语音进行发音水平评价、检错，并给出纠正指导。

2000年初，在中科大的支持下，科大讯飞被认定为国家863计划成果产业化基地，相继与中科大、中科院声学所、中国社科院语言所这三个在语音领域有着丰富积累的机构成立语音技术联合实验室公司，完成了语音产业的源头技术整合。公司的博思智能中文平台、电话因特网关和面向手机应用的语音软核产品这三项科研成果成功入选科技部中小企业创新基金项目，获得215万元资金支持。有了资金的支持，公司完成了实验室研究技术的商业化，开发出了面向消费市场的第一款产品——"畅言2000"软件。它主要是基于IBM研发的语音识别系统，在此基础上，融合了科大讯飞的语音合成技术，其功能是实现电脑与人类语音交流，通过语音既可以完成指令操作，又可以完成文本输入，在当时定价是一套2000元。但是，当时的语音技术还不成熟，加之语音输入和控制并非硬性需求，键盘和鼠标已经足够实现对电脑的操作，科大讯飞的产品在C端市场并不成功，公

司虽然将销售渠道铺到了全国十几个省市，而且投入了广告，但是，"畅言2000"软件总体销售情况不理想，现实和公司想象中的情景相差甚远○。

到了2000年下半年，科大讯飞开始改变发展战略，决定将目标市场定位于企业客户，不再自己开发直接面对终端用户的产品，转而向联想、华为、中兴等客户提供语音核心技术模块，将自身技术应用于PC、呼叫中心、智能网等领域，并陆续推出一系列面向电信级、桌面级、嵌入式芯片级的解决方案，终于找到了适合自己的发展模式，并取得了初步成功。在2000年底，公司产品通过了华为的稳定性测试，获得了华为的订单。华为订单的获得，为科大讯飞产品的性能与质量提供了无形的支持与背书，因此，紧接着科大讯飞与联想等50多家开发商签订合作协议，特别是与联想达成在其"幸福之家"电脑中全面捆绑讯飞语音平台的协议，这为后来联想入股科大讯飞奠定了基础。公司还与当时全球最大的语音卡公司美国Dialogic公司（占中国语音卡市场80%的市场份额）签订合作协议，捆绑销售科大讯飞的语音合成模块，并共同推出语音查询产品○。至此，科大讯飞基本完成了实验室技术向创新产品的有效转化。

四、创业资本助力，公司竞争优势全面提升

2000年12月，安徽信托、美菱集团、合肥永信分别将部分股权以1677万元的价格转让给复星高科，复星高科成为公司股东。公司"畅言2000"项目失败以后，科大讯飞也再次陷入了资金缺失的困境，公司开始寻求创业投资资本支持。

2001年，联想投资（后更名为"君联资本"）通过对全国300多家公司的筛选，正式向科大讯飞投资300万美元，按照当时汇率折合人民币

○ 刘庆峰. 星火相传［M］. 北京：电子工业出版社，2024.
○ 刘庆峰. 星火相传［M］. 北京：电子工业出版社，2024.

2533万元，折合注册资本800万元，科大讯飞也成为联想投资正式投资的第一家创业公司[一]。此外，公司还同时获得火炬高新633万元投资，折合注册资本200万元，公司注册资本增至7000万元。2001年12月，公司股东合肥永信将所持公司200万元股权转让给英特尔（中国），转让价格为人民币430万元。

由于外部创业投资资本的支持，科大讯飞财务状况得到了极大的改善，为公司研发投入提供了财务保障，与此同时，英特尔（中国）作为外商投资企业的加入，让公司的法人治理结构得到了较大改善。

创业投资资本的加入，特别是联想投资的加入，既为公司提供了紧缺的资本，也为公司提供了管理咨询、营销渠道资源等全方位的支持。在联想投资的帮助下，科大讯飞借鉴了联想的企业文化与管理制度，逐步提升了公司的管理能力。正如科大讯飞当时的董事会秘书江涛接受《21世纪经济报道》采访时回忆的那样，"基本上，早期他们每个月都会飞到合肥参加我们的月度经营会议，帮助我们分析经营上存在的问题，以及在管理上需要做的改进。……当时讯飞得到联想的帮助，绝对不只是资金层面的帮助，在定战略、带队伍、做管理、做战略层面也给予了很多的指导，这对于当时大学生创业团队出身的科大讯飞来说意义非凡"[二]。

在联想投资等创业资本的助力下，科大讯飞作为一个创业公司，迅速实现了在公司治理结构、内部管理体系、市场战略等方面的优化与改进，脱胎换骨，成为一个规范的新兴科技企业，公司在市场中的竞争力迅速提升。

[一] 刘庆峰. 星火相传［M］. 北京：电子工业出版社，2024.
[二] 李维，朱银双，"创投资本驰援科大讯飞成长史：2.1亿到700亿的'矩阵式'爆发"，搜狐网，转引自《21世纪经济报道》，2017年10月18日。

五、政府支持，实现财务盈亏平衡

进入 2004 年，科大讯飞迎来了一个重大转机，由于公司突出的技术优势，当时教育部相关领导同志到科大讯飞考察，提出把科大讯飞的语音识别技术用在普通话考试上。2004 年 11 月，国家语委科研办委托科大讯飞承担了国家语委"十五"重点科研项目——"智能语音技术在普通话辅助学习中的应用"。该项目的核心是计算机智能评测技术的研发，主要目标是在国家普通话水平测试规范指导下，建立实用化的计算机辅助测试系统，将计算机辅助测试和语言学习系统结合起来，初步建立比较完善的智能普通话口语学习系统[一]。该项科研项目的主要成果——智能口语评测技术于 2006 年 1 月通过教育部鉴定，目前已广泛应用于全国普通话水平测试中，开启了普通话大规模机器评测时代[二]。由于教育部科研项目的支持，科大讯飞从此切入了智能教育行业，开始实现了财务盈亏平衡，并逐渐盈利，从而成功迈出更加坚实的步伐。

六、快马加鞭、踏上新征程

2005 年，国内开始流行彩铃，科大讯飞抓住了这次机会，首先成了全球语音巨头 Nuance 的代理，然后开发了一套可以让用户使用语音选择彩铃的系统"声动炫铃"，之后被联通、电信、移动三大运营商采用。2006 年，安徽电信开始推行助力数字安徽的"十大工程"，公司与安徽电信在"十大工程"的电子政务工程、社区信息化工程、企业信息化工程和平安安徽工程中建立战略合作关系。此外，科大讯飞还在政府智能楼宇业务领域进行

[一] 北京市语言文字工作委员会办公室，"计算机辅助普通话水平测试发展历程回顾"，北京市教育委员会，2015 年 1 月 4 日。
[二] 科大讯飞网站。

了成功开拓，2007 年先后承接了安徽省委办公厅服务楼、安徽报业大厦、安徽省信息产业厅等具有区域示范意义的项目，树立了良好的区域品牌，为科大讯飞在信息工程业务上提供了持续成长的空间[⊖]。

上述市场的拓展，让科大讯飞进入快速成长阶段，2005 年，公司销售收入达到 8000 万元，此后公司销售收入进入快速增长轨道，公司 IPO 招股说明书显示，公司 2007 年营业收入突破 2 亿元，2008 年净利润已是 2005 年的 7 倍。2008 年公司在深交所上市，成为中国第一个由在校大学生与导师共同创业的上市公司。科大讯飞成为上市公司，企业发展从此踏上了追求卓越、创造辉煌的新征程。

第二节 从智锂物联重卡换电进阶之路看商业模式

一、重卡换电模式的兴起

在"双碳"政策的加持下，交通领域的电动化转型已然成为不争的趋势，未来以电能驱动的新能源汽车将成为市场的主流。而这股电动化浪潮不仅仅属于乘用车，甚至在重卡这样的运营车辆中，电动化也被认为是一片广阔蓝海。作为高负荷、长时间运作的排放"大户"，重卡的电动化无疑是实现"2030 年碳达峰、2060 年碳中和"目标的关键举措之一。

重卡作为运营车辆，其首要考虑的是运营效率，要求在各个环节都最大限度地减少时间浪费。充电的漫长等待时间和行驶里程焦虑成为痛点，使得换电模式逐渐凸显优势。与耗时动辄几小时的充电相比，换电方案可在短短几分钟内完成"补能"，提升效率的同时，也显著降低了购置成本、土地占用面积和电力容量，优化了运营效率，并缓解了充电基础设施复杂

⊖ 《科大讯飞首次公开发行股票招股说明书》。

性及电池管理难题。2021年10月，国家工信部和能源局联合发起了新能源汽车换电模式应用试点，将宜宾、唐山和包头设为重卡特色换电试点城市，为这一领域的换电模式探索奠定了基础。

在众多优势的加持下，重卡的电池系统接口更易标准化，这使得换电成为当前电动重卡优化补能的理想方案。换电模式不仅能快速更换电池，还可以集中管理电池的存储和充电，提升补能效率和管理效率。具体而言，换电模式是通过换电站为大量电池进行集中充电、存储和更换服务的。在电池更换站内进行电池更换操作，整个补能过程不到5min，效率几乎可以媲美传统燃油车。此外，换电站集中管理电池，不仅能更合理地安排充电，还可调节电网负荷，平衡电力供需，并实现电池梯次利用与回收，延长电池使用寿命、降低全生命周期成本。

对于新能源重卡而言，换电模式优势更为显著。传统柴油重卡的售价通常在30万~40万元，而电动重卡的价格则高达50万~60万元，成本的主要增量来自电池。然而电池的生命周期往往长于重卡本身。长途运输的重卡需要搭载大量电池，导致载货量减少10%左右。与此同时，重卡充电站的建设成本和占地需求较大，对电网的冲击也更为显著。因此，换电方案在重卡领域带来的不仅是补能效率的优化，更是在充电设备和电力及土地资源占用上的大幅节约。

在这一背景下，换电重卡的销量和车型数量迎来了爆发式增长。截至2023年，共有723款换电重卡车型进入工业和信息化部公告，而这一数字在2020年还仅是8。各大企业，包括徐工新能源、三一汽车、华菱汽车、陕重汽、中国一汽等纷纷推出了换电重卡车型，为行业发展注入了新活力。截至2024年9月，换电重卡销量累计达到50 529辆，同比增长93.2%，展现出市场的高需求和巨大的发展潜力。这一良好市场表现吸引了众多车企纷纷入局。

智锂物联正是瞄准了这一蓬勃发展的重卡换电市场，为这一场景量身打造了完整的数字化重卡换电运营解决方案。智锂物联（杭州）科技有限公司成立于 2019 年，凭借清华大学欧阳明高院士团队孵化的高技术起点和创始人二次创业的经验基础，致力于提供涵盖换电流程的全方位服务，快速崭露头角。截至目前，智锂物联已完成数轮融资，其中 Pre-A 轮由宜宾市设立的人才基金领投，A 轮由市占率超 60% 的重卡换电运营商上海启源芯动力科技有限公司领投，形成了示范城市政府支持+龙头客户市场牵引的生态格局，为重卡换电领域带来了一股创新的力量。

二、政策和经济性双轮驱动

经历了早期的探索阶段，换电模式自 2020 年起进入快速发展期，显现出蓬勃的增长势头。政策方面，国家和地方政府对换电模式的高度重视与大力支持（见图 4-1），为这一新兴领域注入了强劲动力。

首先，换电站作为"新基建"的重要组成部分，已被纳入国家顶层规划。2020 年，《政府工作报告》中首次提出电动汽车换电模式的发展，将其列为新业态并纳入"新基建"范畴。此后，各地陆续出台政策，对换电站的建设、运营、投资等环节提供全方位支持，包括建设补贴、运营奖励、土地优先使用、产业基金支持等，单站补贴金额在部分地区甚至高达 500 万元。

2021 年 10 月，工业和信息化部发布《关于启动新能源汽车换电模式应用试点工作的通知》，决定在全国范围内启动新能源汽车换电模式的应用试点，覆盖 11 个城市。其中，北京、南京、武汉等 8 个城市为综合应用类，而宜宾、唐山、包头 3 个城市则作为重卡特色类试点。选择这三座城市并非偶然，唐山是全国的钢铁产业基地，而宜宾和包头同样是高能耗产业聚集地，换电模式对于这些城市的重卡运输需求具有重要意义。

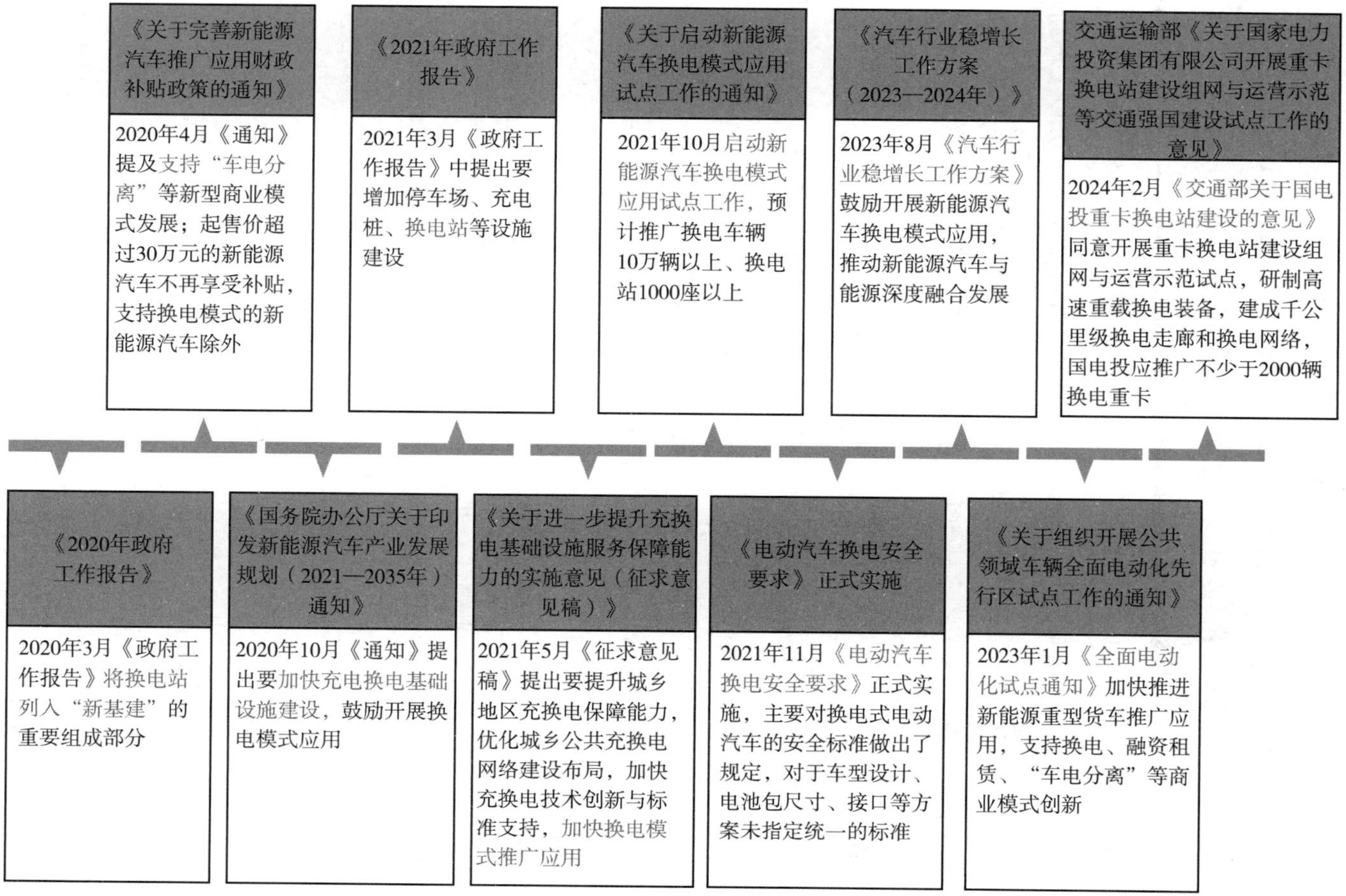

第四章 硬科创进阶与内部商业能力 161

《关于完善新能源汽车推广应用财政补贴政策的通知》

2020年4月《通知》提及支持"车电分离"等新型商业模式发展；起售价超过30万元的新能源汽车不再享受补贴，支持换电模式的新能源汽车除外

《2020年政府工作报告》

2020年3月《政府工作报告》将换电站列入"新基建"的重要组成部分

《国务院办公厅关于印发新能源汽车产业发展规划（2021—2035年）通知》

2020年10月《通知》提出要加快充电换电基础设施建设，鼓励开展换电模式应用

《2021年政府工作报告》

2021年3月《政府工作报告》中提出要增加停车场、充电桩、换电站等设施建设

《关于启动新能源汽车换电模式应用试点工作的通知》

2021年10月启动新能源汽车换电模式应用试点工作，预计推广换电车辆10万辆以上、换电站1000座以上

《关于进一步提升充电基础设施服务保障能力的实施意见（征求意见稿）》

2021年5月《征求意见稿》提出要提升城乡地区充电保障能力，优化城乡公共充电网络建设布局，加快充换电技术创新与标准支持，加快推广换电模式应用

《电动汽车换电安全要求》正式实施

2021年11月《电动汽车换电安全要求》正式实施，主要对换电式电动汽车的安全标准做出了规定，对于车型设计、电池包尺寸、接口等多方案措定统一的标准

《汽车行业稳增长工作方案（2023—2024年）》

2023年8月《汽车行业稳增长工作方案》鼓励开展新能源汽车换电模式应用，推动新能源汽车与能源深度融合发展

《关于组织开展公共领域车辆全面电动化先行区试点工作的通知》

2023年1月《全面电动化试点通知》加快推进新能源重型货车推广应用，支持换电、融资租赁、"车电分离"等商业模式创新

交通运输部《关于国家电力投资集团有限公司开展重卡换电站建设运营与重卡运营示范等交通强国建设试点工作的意见》

2024年2月《交通部关于国电投重卡换电站建设同意开展重卡换电站示范试点，研制高速重载换电装备，建成干公里级干线公路和换电网络，国电投应推广不少于2000辆换电重卡

图 4-1　2020～2024年换电重卡相关政策

2023年11月，工业和信息化部、交通运输部等八个部门进一步扩大了试点范围，覆盖15个城市的公共领域电动化试点，将建成超过70万台充电桩和0.78万座换电站。这些政策推动换电站建设成为实质性的目标，基础设施建设进一步拉动换电上下游产业的发展。

除了换电站建设支持政策外，换电车辆补贴政策也在不断完善。2020年4月，财政部等四部委发布新能源补贴新政，明确规定30万元以上的新能源汽车原则上不再享受补贴，但支持换电模式的车辆除外，这一例外政策大大拓宽了换电市场的发展空间，使换电模式成为电动汽车产业的一大热点。

在B端市场，换电模式逐渐占据重要位置，特别是公共交通、出租车、网约车和重卡领域。一直以来，不同车型的电池标准不统一，限制了行业的进一步发展，而重卡、公共汽车和出租车等B端市场则有望解决这一问题，特别是重卡在运输效率、能耗和补能效率等方面对换电的需求尤为明显。2022年，江苏省出台全国首个纯电动重卡换电电池包团体标准，而包头市也已颁布地方性电动重卡换电标准，为重卡换电的规范发展奠定了基础。

智锂物联成立于2019年，正是看准了政策带来的机遇和换电模式的潜力。公司聚焦重卡换电领域，致力于提供数字化重卡换电运营解决方案，通过软硬件一体化服务支持换电运营商、车企及电池银行的运作，迅速占领市场高地。

从经济层面来说，换电重卡对于消费者和运营商均具有经济性。

1. 消费者角度经济性

对于用户而言，重卡换电模式显著降低了购置成本。电动重卡的高价大部分来自电池，车电分离模式让电池成为可租赁的资产，使换电重卡的初始购置成本大大降低，比传统燃油车还低 30% 以上。而且，电池产权与使用权的分离模式能够有效提升电池全生命周期价值，降低电池成本在车辆端的摊销，从而降低电池租赁成本，改善用户经济性和经营现金流。

在使用成本方面，换电重卡相比传统燃油重卡有明显优势。据国海证券测算，在油价高于每升 6 元的情况下，换电重卡的全生命周期成本更具优势。以 5 年为运营周期，燃油重卡的全生命周期成本超过 200 万元，而换电重卡成本则低出 50 万元以上。与一般充电模式相比，换电模式不仅减少了车主在充电站长时间等待的成本，也有助于提升电池资产全生命周期价值，进一步突显出其经济性。

2. 换电站运营商角度经济性

换电站建设属于重资产投资，成本端包括用地费用、电力扩容、基础建设、人员配备、换电设备购置以及备用电池的成本。根据协鑫能科公告，单个重卡换电站的投资约为 420 万元，配备电池等设备的总投资额则接近 1000 万元（见表 4-1）。随着产业规模的快速发展，目前不考虑土地购置成本，在电力接入点在用地红线的情况下，一座配备 7 块备用电池的换电站的建设成本约 400 万元，备用电池成本约 200 万元。

表 4-1　换电站投资额

（单位：万元）

	换电站投资	线路及其他投资	电池投资	合计
乘用车换电站	260.72	100	140	500.72
重卡换电站	420.14	235	360	1015.14

资料来源：协鑫能科公告，东吴证券研究所。

除了初始投资，换电运营的主要成本还包括电费和电池成本。无人化换电站的应用能够显著降低人工成本，通过安全监控与集控中心的协同操作，无人化管理逐渐成为可能。与此同时，"电池银行"模式也是提升换电站收益的有效方式，集中管理的大量电池可以通过高效周转来增加收益。随着电动重卡的占比不断增加，换电站的收益有望进一步提升。

3. 换电市场现状

当前，换电市场规模尚处于初期阶段，但未来发展潜力巨大。截至2024年6月，全国已运营及在建的换电站数量超过4800座，其中重卡换电站1000余座，乘用车换电站3800余座。重卡换电站的布局主要集中在河北、山东、内蒙古、陕西、山西和江苏等地的煤电、矿山、钢厂及城市渣土场景，显示出换电站在这些重卡高频作业区域的应用前景。根据中金公司的预测，至2025年，换电站的保有量在乐观、中性及悲观的情境下分别为5.19万座、3.00万座和1.25万座。从长远来看，国内的换电需求预计将达到乘用车换电站55万座和重卡类换电站20万座。

尽管市场需求潜力显著，当前专注于换电站建设和运营的企业数量仍较少，市场处于不成熟的起步阶段。参与市场的玩家大致可以分为以下四类。

整车制造商： 以蔚来、北汽新能源等为代表，这些品牌凭借强大的用户黏性与领先的换电车型积累了丰富的运营经验，在换电市场中占据一定优势。

第三方运营商： 奥动新能源、北京胜能和启源芯动力等第三方企业是目前国内换电站的主要建设者和运营商。凭借专业化的运营模式和覆盖广泛的换电服务网络，这些企业在市场中扮演了关键角色。

电池制造商： 宁德时代等电池制造商凭借在电池技术方面的深厚积累，通过"电池银行"模式切入市场，并借助标准化、适配性高的电池包产品在竞争中逐步突围。

能源类央企：国家电网、中石化等企业依托其已有的电站和加油站网络，在换电站布局上具有得天独厚的渠道优势，通过这些站点资源重点布局换电站并逐步形成综合能源智慧网。

在以上四类玩家中，蔚来、奥动新能源、启源芯动力已经占据了超过90%的市场份额，形成了较高的市场集中度。然而，随着换电市场的前景愈加清晰，越来越多的央企、地方国企、民营企业和混合所有制企业纷纷加入换电站的布局和规划中。市场竞争的加剧不仅会提升服务质量，也将进一步推动换电市场的规模扩展，为换电行业的全面发展奠定坚实基础。

三、软硬件一体化技术优势

智锂物联致力于为能源运营商提供一站式的锂电能源装备与运营服务解决方案，其产品覆盖了换电站全套设备、车载换电机构及换电电池系统等硬件。相比于其他供应商，智锂物联的换电设备具有成本低、可靠性高、能耗低、服务能力高等显著优势。在此基础上，智锂物联还开发了一套自主研发的数字化业务运营平台（见图4-2），结合物联网技术和数据算法，优化了电池资产的使用效率。这一平台不仅提升了电池的使用寿命和收益，还通过储能结合实现了电池梯次回收利用，为能源运营商带来明显的竞争优势。

智锂物联的起源来自欧阳明高院士团队，该团队在电池安全技术领域积累深厚，并为智锂物联在重卡锂电池资产运营中的技术优势奠定了坚实的基础。其核心技术是基于电池大数据分析的能源数字化运营体系，这一平台能够协调换电站的运营、电池资产的维护及安全管理，形成完整的数据驱动模式来提升运营服务与资产利用效率。通过人机协同的分析方法，智锂物联的系统能够实时输出高质量的数据分析结果，为业务落地提供精确支持。

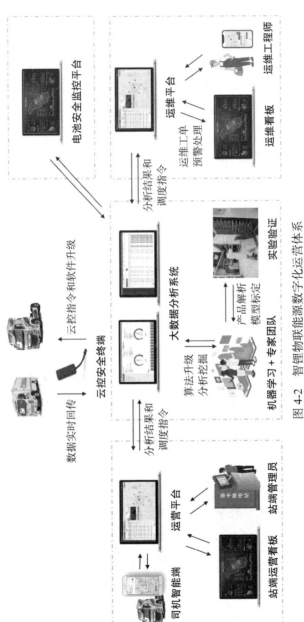

图 4-2 智锂物联能源数字化运营体系

智锂物联的数字化平台具备三大核心技术优势。第一，边缘计算终端的设计使得数据传输质量高、双向控制更加灵敏，终端还封装了异常识别、故障推送等核心算法功能。第二，电池数字孪生模型以基于第一性原理的电化学模型为基础，并结合标定技术和动态调控技术，能够精准判断电池的状态与寿命。第三，深度融合算法实现了高效的运营驱动，结合云端和边缘计算的寿命抑制算法建立了分级的安全预警体系。基于这些技术优势，智锂物联推出了一系列优化电池寿命与安全的解决方案，包括覆盖11个层级的寿命管理方案和12个层级的安全预警系统，整体预警率达到90%，误报率低于10%，有效延长了电池使用寿命并显著提升了电池管理的安全性。

智锂物联的数字化运营平台在智能运维方面实现了一体化运作，其边缘计算模块、云控电池管理系统、智能运维系统、地面运维人员以及服务网络密切协同工作。电池数据将实时传输至云端，通过数字孪生服务模块完成热失控预警、寿命优化、故障诊断等功能。系统会根据分析结果提前预警潜在故障并自动派发工单，地面运维人员可以及时进行维护，而监控端的云控系统也能在故障早期通过远程处置避免事态恶化。这种高效的监控与管理极大地缩短了反应时间并降低了潜在风险。

在重卡锂电池运营服务中，智锂物联的服务链覆盖了锂电池租赁、换电站运营及电池数字化管理三大核心环节。首先在锂电池租赁方面，智锂物联定制化生产的重卡电池系统不仅具备火灾防控功能，还能灵活匹配不同的场景需求，显著提升电池的适配性。智锂物联还牵头制定了换电重卡电池箱快换连接器的团体标准和行业标准，并推动制定了电池箱连接器和电池箱架的国家标准，进一步推动了电池接口的标准化，为换电站的统一运营提供了基础。

在换电站运营方面，智锂物联专注打造无人化智能换电站（见图4-3）。

168　硬科创进阶

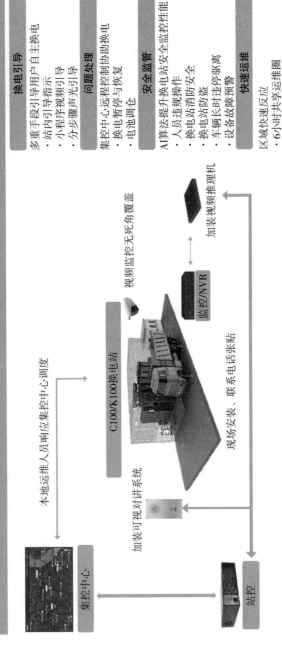

图 4-3　换电站无人化架构

卡车驶入后，换电机器人通过高精度激光雷达系统精准识别车辆位置，操作 5 轴伺服控制的多自由度换电机器人，从车辆侧面抓取电池完成换电操作。配套的存储充电仓负责对空电池的充电和监控，监控中心则利用消防系统、视频监控系统、UPS 电源等基础设施进行全方位的智能监控，并可与云端服务器联通。

在电池数字化管理方面，智锂物联依托电池大数据分析，已经开发出成熟的能源数字化运营体系，不仅可以实现锂电池的精细化管理，还在为除重卡换电领域之外的其他大型锂电资产持有公司（如美团、阿里巴巴等）提供数字化能源解决方案。目前，智锂物联已与国家电投、龙源电力等多个换电运营企业建立了合作关系，还与宜宾、乌海、鄂尔多斯等地方政府开展产业落地合作，与壳牌、瑞典 Halmstad 合作推广国际重卡换电示范站，截至 2024 年 11 月已新增至 100 个换电站。① 这一布局不仅显著提升了智锂物联的市场占有率，还为公司的未来发展奠定了基础。

在数字能源领域，智锂物联的成就同样不凡，截至 2023 年底其平台已接入超过 40 万台电池系统，涵盖 61 类电池型号，累计检测次数超 2626 亿次，检出故障超 10 万次，累计完成 300 余次安全预警和 12 次热失控报警。在产能建设方面，智锂物联的重卡车载换电机构及换电设备智能制造项目已正式落地四川宜宾，占地 30.7 亩②，年产设计可达 2 万套重卡换电系统和 400 套换电设备。2023 年 6 月投产后，这一基地将为智锂物联在重卡换电市场的竞争中提供强大支持。

四、数字化的运营管理

智锂物联在重卡锂电池资产领域，凭借完整的业务闭环，形成了独特

---

① 新浪，"智锂物联第 100 座'宜宾造'换电站正式下线"。
② 1 亩 ≈ 666.7m²。

的市场优势。通过自有的锂电池资源，智锂物联不仅引入了电池金融、保险等服务来支持锂电池租赁业务，同时还为加盟的重卡换电运营商提供换电站设备和运营管理服务。最终，这一体系在数字化运营管理平台的支撑下将各个环节串联起来，实现了对租赁电池的全流程管理和托管，提高了电池的使用寿命，保障了梯次回收的顺利开展。通过这一平台，智锂物联能够实现换电站之间的电池资源的智能调度和安全预警，并为金融保险方提供全面的资产管理信息。

近年来，得益于政策和资本的推动，锂电池和换电站技术的成熟速度大幅加快，成本持续下降，行业的数字化进程也越来越快。数字经济时代，数据已成为关键生产要素，锂电池资产运营也逐步演变为数据驱动的市场格局。智锂物联的数字化平台正是这一趋势的典型实践，它可以确保每一块电池精准分配到最需要的地方。从重卡中换下的电池，经过健康维护和成本控制优化后进入电能补给过程，进而调度到急需电池的换电站，有效减少电池的闲置时间。即便在闲置状态下，电池也可以与电网实时互动，实现储能价值。当电池的寿命接近临界点时，平台还能及时将其转移至储能电站回收利用，避免继续投入重卡运行而降低效率。所有这一切都依赖于算法的精准调控，算法驱动的高效管理也成为未来电池管理的核心竞争力。

此外，智锂物联的锂电池资产管理平台汇集了大量电池使用和状态数据，为下一代锂电池技术的开发提供了宝贵的信息资源。平台累积的数据不仅是智锂物联的核心资产，还将为锂电池行业研发更高性能、使用起来更加高效和持久的电池提供数据支持。

随着数据量的增长，算法迭代的速度也在加快，这种数据与算法的正向循环优势，体现在换电站运营效率的提升上。优化后的运营体系也使得智锂物联能够向更大规模的乘用车换电市场拓展。同时，储能作为新能源发电的重要组成部分，智锂物联丰富的锂电池资源能够在电池服役期和退役期参与电网储能或新能源发电站储能，而要实现这一目标，仍需要依赖高效算法的精准控制，最大化电池资产的收益。

智锂物联的商业模式核心在于数字化运营管理。它不仅有效地协调了全产业链的各个环节，还优化了资产和资本的利用效率。这种模式不仅仅是一项业务优势，更是未来竞争格局中最为核心的竞争要素。

五、电池标准化是行业发展的制约因素和关键所在

电池标准化的难题始终是制约换电行业发展的关键因素。当前，各大电池厂商在研发方向、技术路线和进度上各不相同，导致动力电池的能量密度、电池结构以及尺寸规格无法实现统一，从而阻碍了换电模式的大规模推广。换电电池的低标准化程度限制了多品牌车型在同一换电站的兼容性，延缓了换电站的布局与发展进程。要破解这一困局，需要车企与电池企业通力合作，加速推进换电接口和电池规格的标准化与通用化，否则换电模式将面临适配难题，无法有效扩展。

标准化不仅是行业痛点，更是提升市场效率的关键。在国家标准方面，近年来已有一些重要进展。2020年5月，工业和信息化部组织制定的《电动汽车安全要求》《电动客车安全要求》及《电动汽车用动力蓄电池安全要求》三项强制性国家标准由国家市场监督管理总局、国家标准化管理委员会批准发布，之后在2021年又发布了《电动汽车换电安全要求》等标准。然而，这些标准多为推荐性标准，难以适应快速变革的技术形势，亟待进一步修订和完善，以逐步形成统一且有约束力的强制性标准。

在2022年金砖充换电论坛上，中国电动重卡换电产业促进联盟秘书长李立国透露，国家相关部门正积极推动换电重卡的互换性标准的制定，届时，整个行业将依据统一的互换性标准进行产品开发，这将极大提升产业

链的协同效应。此外，在清华大学的碳中和技术论坛上，欧阳明高院士表示，中国电动重卡换电产业促进联盟已经起草了系列标准，力求建立完善的换电重卡标准体系。这一标准体系的建立将为中国换电重卡行业打造坚实的技术基础，有望解决换电模式发展中的瓶颈，推动更广泛的普及与应用。

第三节 从技术赋能三低行业案例看管理与人才战略

一、跨成长阶段的内部商业能力

本案例聚焦硬科创进阶四象限中的"内部—商业"象限，核心研究科技型创业企业的内部商业能力问题，探讨企业在不同成长阶段（从初创到快速成长，再到稳定期）所面临的关键内部商业能力挑战，并分析其如何通过有效的管理实现创业成功。

本案例的两位创始人怀揣着创业理想，时常聚在一起探讨商业构想。在长达两年的深入讨论后，他们发现环保行业尽管发展相对落后，但充满潜力，尤其在先进技术赋能下更是如此。他们相信，通过将前沿技术引入这一传统行业，创业的成功机会将大大提升。基于这一洞见，团队最终确定以环保回收为主营业务方向。环保回收行业典型特点为"三低"——缺乏先进技术支持、商业模式创新不足、管理模式不科学。对于科技型创业公司而言，若想获得成功，必须在技术、管理和商业模式三方面实现领先优势。

为此，团队核心成员在以下三方面进行了改革性创新。第一，通过技术改造与技术赋能，提升生产效率，打造出具有可持续发展潜力的新兴业务模式。第二，团队引入全新的商业模式，优化企业运营效率，使企业经济效益高于行业平均水平。第三，创新人才管理战略，确保公司持续增长并保持活力。该案例最终证明，借助现代企业管理、领先的商业模式和科学的人才管理，即使在传统行业中，科技型创业公司也能成功突破并取得显著成就。

二、科创型企业发起阶段的典型商业问题

（一）创业主营业务的选择

在本案例中，两位创始人共同怀揣创业梦想，经过两年深入的探讨和调研后，他们最终确定了智能制造领域中的环保回收细分行业作为公司的核心业务方向。他们意识到，若能将先进技术引入该行业并为其赋能，创业成功的可能性将大大增加。环保回收行业具有典型的"三低"特征：缺乏技术应用、管理滞后、商业模式陈旧。因此，科技创业团队在这一领域的首要挑战就是打破行业的固有模式，提升行业技术水平。

针对这一分析，团队从技术创新入手，推动行业变革。首先，通过技术改造，公司成功从低端劳动力主导、竞争混乱的局面中突围，显著提升了生产效率，为公司在新兴科技企业中建立了优势。其次，通过引入创新的商业模式和管理方法，公司实现了运营效率的提升，获得了超额的经济收益。

（二）初创企业商业模式的选择与转型

在选择再生产品回收项目的商业模式时，创业团队面临一个关键的决策——究竟是面向企业（B2B）市场，还是转向消费者（B2C）市场？这一选择在创业初期至关重要，决定了企业的战略方向与发展潜力。经过深度调研，团队最终选择了 B2B 市场，这一决策也成为企业后期平稳发展的关键所在。

随着行业发展，许多竞争对手选择了 B2C 商业模式，但大部分未能实现盈亏平衡，依赖融资资金的不断投入来维持运营，最终，这些企业在融资枯竭后倒闭。这一现象表明，依靠科技赋能的 B2C 模式在该行业中难以实现长期价值增长，而依赖早期大规模融资和快速扩张也并不能确保成功，反而增加了市场和资源的风险。

商业模式的选择直接关系到创业成功的可能性。本案例的创始人深入分析了行业历史，特别是 2015 年前后的创业热潮。当时，资本市场对早期创业企业高度支持，众多创业公司成立初期即获得上亿元融资。然而，即便是在这样优越的市场环境下，能够成功的企业依然不到 5%。多数创业企业的失败，往往是由于商业模式未能适应市场需求。这些案例进一步突显了商业模式在创业中的重要性。

初创企业往往在发展中面临商业模式转型的考验。资源有限的情况下，公司很容易倾尽所有投入到最初设想的模式中。如果转型的必要性出现，通常也意味着高昂的代价。商业模式转型不仅涉及核心业务调整，还牵涉人才配置、生产设备、IT 系统及财务管理系统等的重建，对任何创业公司而言，负担之重甚至可能超过重新创业。

在本案例中，创始团队发现，无论是对初创公司还是大型互联网企业，业务转型都是艰难的决策。这也是为何我们常常看到大企业在转型时，更倾向于完全裁撤相关业务部门，而非保留部分员工逐步调整。放弃不适应市场的业务线，虽然意味着业务归零，但重新布局减少了管理负担。而逐步转型不仅难以彻底摆脱旧业务的影响，还可能造成资源流失，管理复杂性成倍增加。

转型的时间窗口非常短，往往只有数月，初创企业很难在这短时间内完成转型所需的财力与人力准备。例如，一些在早期融资成功的团队，尽管在决策转型时具有一定的优势，但他们的投资方也可能因早期业务模式失败而对未来的转型缺乏信心，进而放缓甚至停止进一步的资金支持。在巨大的财力压力下，创业团队难以承受转型成本。这些现实的挑战让企业转型成为一项难以承受的任务。

（三）初创企业怎样实现科技赋能

在本案例中，应用新技术推动行业效率提升、实现整体升级是创业团队的核心理念，也是其区别于竞争对手的关键优势。为实现这一目标，创业者对行业的各个运营环节进行了深入分析，对成本、费用和利润等核心参数进行了细致研究，从中识别出可改进的关键环节，并以科技手段赋能，最终在提升效率和增加效益方面取得了显著成果。

团队通过广泛应用先进软件和智能硬件，取代了传统高耗能、低效率的作业模式，大幅提升了行业的运营标准。例如，通过推广终端客户的二维码下单系统，不仅减少了人力作业的时间，还显著降低了中间环节的成本。这一举措既实现了收入的增长，又使货源渠道管理更加高效。第二个重要举措是，引入自动称重系统，利用数据自动上传技术，减少了人力误差、记录耗时以及人为作假的可能性，从而使操作流程更加精准高效。第三个重要举措是，广泛采用智能运营设备，不仅提高了单个网点的经济效益，还为公司在全国范围内的迅速扩展奠定了坚实基础。智能设备的应用助力公司在行业中实现节能减排、产能提升与效率增进，提供了科技赋能传统行业的典型示范与有效路径。

（四）初创企业准确定位产品和服务

对于初创企业来说，产品战略定位的前提在于准确理解客户的需求和痛点。客户基于实际需求选择产品，而初创团队则应顺应市场的阶段性变化，打造符合市场当下需求的产品，而非过度依赖自身的主观判断。初创团队常见的错误在于，将自己的一些想法误认为是客户的需求，有时甚至带着优越感，试图"教育"用户。此外，创业者有时自以为前瞻性的理念并未获得市场的广泛认可，这可能导致初创产品未能有效满足客户需求。

在本案例中，管理层始终坚持以解决客户痛点为导向，通过实际行动帮助客户解决问题、创造价值。他们聚焦于实际落地的战术执行而非单纯的战略空谈，坚持从"解决问题"的角度出发，避免忽视战术的执行细节。这一务实的策略，不仅使其产品符合市场的实际需求，还帮助公司在商业运作中稳步前行。

三、企业进入高速发展阶段的管理问题

（一）融资与运营阶段之间的发展匹配过程

对于科技型创业公司而言，融资至关重要。创始团队必须深刻理解融资市场的运作规则和投资偏好，以此实现有效的资本对接。本案例的创始人方博（化名）曾在华尔街投行工作，回国创业后，他将丰富的投资知识应用到公司的早期融资策略中。他清楚不同阶段的创业公司适合哪些投资机构的偏好，这让公司在融资过程中得以高效运作。例如，公司在天使轮融资中吸引了 AB 基金的 2000 万元投资，因为 AB 基金在方博所选行业内有过成功投资记录，投资方和公司对融资价格的看法也一致，这样双方迅速达成协议，为公司早期发展奠定了资金基础。此外，知名基金的支持，相当于为公司在投资市场上背书，为公司吸引了更多的关注和投资机会。

融资节奏同样需要精准把控。在一轮融资谈判中，团队通常会提前接洽下一轮潜在投资者，以确保融资的连续性，避免资金链中断的风险。同时，融资节奏必须与业务发展步伐保持一致，实现业务与资金的双重匹配。创业者对一级市场的深入理解和敏锐判断力至关重要。每轮融资通常持续

几个月到一年，其间会接触众多潜在投资机构，创业团队必须快速评估双方的匹配度。这也凸显了创业公司内负责融资的团队成员需要具备专业的投融资能力。

表 4-2 展示了公司经营数据与融资节奏的对应关系，表明合理的融资安排与业务拓展的双向互动，推动了公司螺旋式发展。4 年内，公司营业额增长了 20 倍，估值从创立初的 5000 万元上升至 10 亿元，员工规模从 30 人扩展到 1300 人，业务实现跨越式增长。

表 4-2　公司经营与融资数据对应情况

年 份	营业额（亿元）	城市拓展数量（个）	人员数量（人）	融资情况
2016	0.5	3	30	2000 万元，估值 2 亿元
2017	1.2	10	100	6000 万元
2018	4.8	20	300	8000 万元
2019	9.2	30	1300	被并购，估值 10 亿元

在股权分配方面，2016 年公司成立初期，股权由两位创始人平分。随着公司快速扩展，股权结构在后续融资过程中逐步调整，2018 年并购时，公司三位核心创始合伙人共占股权比例约 20%。

（二）经营中的管理层管理能力瓶颈问题

高速增长的公司往往会遇到管理瓶颈，这也是许多创业公司难以突破的障碍之一。即使是微小的管理问题，如果未能及时处理，也可能导致公司运营的连锁停滞，严重者甚至威胁公司存亡。在本案例中，公司也曾面临管理瓶颈：某知名风投故意拖延投资决策，以此压低估值。为应对这一情况，创始人果断向对方表示，公司发展不应受制于资金不对等关系，并表示将迅速寻找其他融资替代方案，从而打破对方的施压意图。

管理挑战还体现在诸多细节中，例如融资波折可能会导致企业面临关闭风险，核心客户的流失可能引发现金流危机，团队核心成员的离职也可能使团队陷入动荡。因此，创始团队需具备应急预案，制订替代方案，以保障公司在各种突发情况下依然保持稳定发展。突破管理瓶颈不仅是态度上的选择，更是创业团队能力的体现。创业者应当提升个人能力，加强抗压能力，以便更从容地应对挑战。

在战略的制定和执行上，团队核心创始合伙人表现出理性和务实的态度，对自身能力有清晰的定位并有意识地逐步扩展能力边界。随着商业模式的逐步完善，创始人也在同步提升管理能力，使企业的发展方向与管理层的能力水平保持一致。

（三）外部政策环境发生剧变带来的巨大挑战

政策环境的剧变对创业企业来说既是机遇，也是挑战。本案例企业便是一个典型，既在政策扶持下获得了发展契机，也因未能完全适应政策变动而受到影响。环保行业一直受到国家政策的鼓励和支持，本案例的创始人正是基于环保行业的良好前景，以及政策利好与实际趋势的契合，选择了这个方向。因此，创业初期，这一政策支持为企业带来了有利的发展环境。

然而，政策支持往往会伴随行业竞争的激烈化。2018年，随着上海率先试行垃圾分类政策，全国范围内逐步推广，各地政府加大了对环保行业的财政补贴力度。政策的推动吸引了众多实力雄厚的新企业进入环保再生行业，使得行业内竞争迅速加剧。许多新进入者因获得政府支持而实力增强，在资源和规模方面远超初创企业。对于本案例企业这样的科技型创业公司来说，由于未能获得相应的财政支持，在资源竞争中面临更大挑战。此外，科技型创业企业难以通过低成本策略迅速扩展市场，这在高度竞争的环境中成为一大阻力。因此，政策虽然推动了行业整体的发展，却在一定程度上成了这家企业发展中的制约因素。

（四）危机管理

初创企业往往面临高度的不确定性，一场突发危机可能直接将公司推向破产边缘。因此，管理层必须时刻保持警觉，准备应对各种紧急情况。本案例中通过两个典型的危机管理实例，为初创企业提供宝贵的经验和可行的应对策略。

首先，本案例所在的环保行业存在较高的消防风险。在某一年，企业的一个工作站发生了火灾，虽未造成人员伤亡，但暴露了消防安全管理的不足。事故发生后，企业立即成立了危机应对小组，与消防和相关政府部门密切协作，严格按照预案和安全规章流程处置事件，迅速完成生产和管理环节的整改，力求将损失和负面影响降至最低。环保行业安全事故的危害可能极其严重，曾有同行因安全事故而被迫关闭整个公司。彻底杜绝安全事故虽然困难，但公司可以通过严格的环节控制和建立高效的应急机制来有效防范事故。一旦发生紧急情况，应确保企业具备迅速控制并将损失降至最低的能力，保障企业的正常运营。

在火灾危机处理方面，本案例成功展示了企业如何迅速摆脱困境并恢复生产。危机管理的成功归功于两个重要因素：其一是充分的预案准备和迅速的应对措施，其二是先进技术的应用，这两个因素有效减少了火灾带来的损失。企业在创立之初就进行了详尽的风险评估，了解到环保回收过程中难免会有易燃杂质掺入，单靠人力管理难以杜绝风险。因此，公司积极采用技术手段进行早期火灾检测和响应。公司投资了多摄像头全方位监控系统，并严格执行 24h 轮岗制度，确保在火情初期能迅速发现并加以控制，将损失降至最低。相比之下，一些同行企业因未能及时控制火情而遭受严重损失，甚至导致公司被迫停业。采用先进的技术手段来应对潜在风险无疑是更为有效的方法。

另一个案例则展示了公司如何处理员工安全事件。某次，两名年轻员工在休息时间违规启动设备，导致其中一人意外摔倒受伤。按常规处理流程，公司在遵守工伤责任的前提下，承担的赔偿相对较低。然而，公司选择从人道主义出发，采取了温情的处理方式。事故发生后，公司迅速垫付了治疗费用，保障了受伤员工的及时治疗。之后，公司积极为受伤员工争取到额外的社保赔偿和保险理赔，并提供了额外的补偿，确保员工安心养伤并顺利康复，减少了事故对其身体和心理的伤害。这种处理方式不仅体现了公司对员工的实际关怀，也展示了企业在严格管理下对员工的责任感。公司不仅将员工视为劳动力，更是在企业文化中加入了人文关怀，展现了企业文化中的"责任"理念。

此外，管理层在危机应对中必须避免侥幸心理，保持清醒的风险意识。只有通过提前准备和高度警觉，企业才能在危机中做到快速响应，最大限度地保护企业利益和员工安全，确保企业的稳定和长远发展。

四、贯穿科技创业全程的人才战略

（一）创业核心团队成员的选择

在科技型创业企业的发展过程中，"科技"始终是核心驱动力，因此团队成员之间必须对关键技术形成统一的理解，在技术、产品、专业水平等方面达成深度共识。选择合伙人时，团队要考虑技术人才的必要性及成员间的互补性。例如，在智能制造领域，团队不仅需要擅长硬件的成员来负责生产和供应链管理，还需要具备系统运算、大数据算法及软件开发能力的人员，以确保产品能够快速适应最新的智能化需求并不断进行升级迭代。

此外，团队还需要专人负责市场定位，以确保公司业务方向的精准性。

核心团队的构建不仅需要各岗位成员在职责上发挥专业作用，还需要一个具备战略视野的领导者对产品战略和公司发展方向进行全局把控。在创业初期，市场和竞争环境变化迅速，客户和竞争对手都在加快布局主导赛道，因此选择正确的赛道并保持发展速度尤为关键。选错赛道或发展速度落后，都会让企业在激烈的竞争中处于劣势。特别是在相似赛道的创业公司之间，时间、资本和市场认可度的竞争尤为激烈。为此，团队成员间的紧密团结、共同目标以及领导者对公司发展方向的准确把控，都是不可或缺的成功要素。

建立信任是形成高效团队的基础。核心团队成员间的信任关系不仅能够降低沟通成本，还能有效减少决策过程中的时间和精力消耗，从而快速形成稳定的团队。对于创业公司来说，进入市场的时间窗口极为有限，因此一个高效、紧密协作且富有凝聚力的团队对新进入者至关重要。这样的团队能够快速推进产品研发，加速市场导入，并提升市场竞争力，形成独特的优势。

（二）科技型创业企业不同阶段的人才策略

创业初期，明确团队的关键角色至关重要，特别是在股权设计方面，这一环节对公司后期的成长有着深远影响。合理的早期股权分配不仅有助于吸引优秀人才，更能够推动企业在未来的各个发展阶段稳步前进。

随着公司发展，如何在不同阶段引入关键人才，特别是高级管理人员，并设计合适的股权激励机制，成为创业公司亟须解决的课题。创业公司普遍面临资源有限、品牌影响力较弱、薪酬待遇竞争力不足等挑战，而随着企业成长，吸引并留住高素质人才也变得越发困难。如何在内部培养人才与引入外部专业人士之间取得平衡，是一个至关重要的议题。

在本案例中，公司在创业初期的 1~2 年内主要以内部培养为主。这些员工在企业发展过程中迅速成长，几年后的公司成功向他们提供股权激励，以回报他们的贡献，并将其发展为核心团队的一部分。当公司面临高级管理人才紧缺的问题时，采取了高薪引入外部人才的方式。这种方式为新成员在股权激励和高薪待遇之间提供了选择，后者通常是外部引入人才的优先选项。

然而，高薪引入外部人才在本案例中的效果并未完全达到预期。对于初创公司来说，资源有限、公司特质、行业成长阶段以及市场竞争等多重因素限制了即使是顶尖专家在平台上发挥其才能的空间，导致实际效果低于预期。因此，公司在引进重要人才时，必须考虑到未来的长期发展，以确保人才与公司步伐相契合，从而更好地支持企业在快速发展阶段的需求。这也提醒了初创公司在设计人才策略时需考虑阶段性、匹配性，并对未来进行充分预估，以保证团队和企业的持续健康成长。

（三）空降高管与创业元老之间的矛盾解决

在创业初期，公司团队通常由科研型和技术型人才组成，以推动产品和技术的创新。这类团队的特点决定了在创业早期，吸引来自大型公司的高管较为困难。然而，随着公司逐渐发展到一定规模，高级管理人员的加入变得必要，这也可能带来高管与原始团队之间的矛盾。创业元老对公司的忠诚度较高，但在某些管理能力上可能有所欠缺；而空降的高管具备出色的专业技能，但其忠诚度可能难以确保。如何协调两者之间的关系以及平衡这类冲突，是公司发展过程中必须解决的关键问题。

在本案例中，高薪聘请外部高管的决定是根据岗位职能的需求慎重考虑的。例如，对于人力资源管理这一核心岗位，高效的招聘、人员管理能力以及组织架构设计的经验至关重要，而这些往往是技术型创业元老所不具备的。同样，首席营销官（CMO）和首席财务官（CFO）等角色，也因其复杂的专业需求通常需外部引入，以确保公司在快速扩张阶段获得必要的管理支持。

公司同样重视管理层的忠诚度。对于涉及公司核心战略和知识产权的关键人才，公司倾向于通过内部培养和股权激励的方式来留住他们。相较于股权激励，公司在快速发展中更倾向于通过高薪招聘的方式吸引高级管理人员，以便在保障公司控制权的同时，获得所需的专业支持。

本案例的公司最终形成了一种"三分法"的人才结构：约三分之一的团队成员由公司早期培养的核心人才构成，三分之一是引入的外部专业人才，剩下的三分之一则是通过招聘应届生并重点培养而成。这种组合结构为公司提供了稳定而多样化的人才基础，保障了团队的稳定性和管理的持续性。

高薪引入高管并非没有风险，特别是对于创业公司而言，不仅需要承担高额的薪酬成本，还要应对外聘高管和原始团队在战略思路上的潜在分歧。在创业初期，企业文化尚未成型，大量引入外部人才可能会对组织结构产生冲击，对创始团队的战略视野和决策能力提出极大挑战。然而，随着公司规模的扩大，这种问题逐渐缓解，同时定期引入新人才还能防止企业文化的僵化，确保公司保持创新的动力和活力。

在科技型创业公司早期发展阶段，充足的资本注入至关重要。无论是当前的投资者还是潜在的投资机构，都会关注企业的发展潜力、估值增长以及公司能否脱颖而出实现上市。因此，创业团队的高管引进策略不仅决定了公司的短期运营，还关乎企业能否在激烈的市场竞争中获得竞争优势。这意味着创业团队必须站在投资者的角度，规划出与资本市场需求一致的长期发展路径，这一战略思维的统一对创业公司而言尤为重要。

（四）科创企业估值升值过程中核心管理层权益分配

科技型初创公司通常面临股权价值的剧烈波动和高度不确定性，导致其估值难以精确评估。与此同时，股权激励与员工贡献之间的匹配也成了一项挑战。在公司的初创阶段，股权价值较低，这对高端人才的吸引力有限。例如，在公司估值为 1 亿元时，1% 的股权仅值 100 万元。然而，随着公司经历几轮融资，估值在 2~4 年内可能会增长数十倍，这导致股东和管理层的股权价值差异变得显著。因此，如何在股权激励过程中保持股东权益的动态价值与公司发展之间的平衡，是创业公司面临的一个重大难题。

为了解决这一问题，本案例采取了独特的股权激励策略。在实施股权激励方案之前，公司与员工提前约定，在一定的服务期内股权的价值将保持固定。例如，最初价值 100 万元的股权，在 3 年的服务期内，其价值不会随公司估值的变化而波动。如果公司估值在 1 亿~10 亿元，员工的股权价值将保持不变；若服务期满且公司估值超过 10 亿元，则股权的价值将根据公司估值的变化进行调整。这种方法确保了员工在公司初期低估值阶段的股权不会因为外部融资带来的估值波动而失去吸引力，同时也避免了股东权益的过度稀释。

此外，另一种平衡股权激励与公司发展关系的方式是通过控制股权稀释的节奏，来确保期权的价值与员工对公司贡献的匹配度。公司可以根据员工的绩效与贡献逐步增加股权激励，避免一开始就过度稀释股东权益，同时根据公司成长阶段调整股权激励的条件。

研究表明，在初创公司估值较高时，通过股权激励招聘的高端人才通常表现出更强的忠诚度和贡献度。尤其是在公司估值上涨过程中，员工的股权价值会随之增值，这激发了员工的工作动力，并进一步增强了他们与公司共同成长的归属感，不仅提高了员工的忠诚度，也有助于公司吸引并保留关键人才，在竞争激烈的市场环境中获得持续的竞争优势。

第四节　影响硬科创进阶续航里程的关键内部商业能力总结

一、科大讯飞关键成长因素

科创企业在成长过程中，受内外部因素的共同影响，在外部既定的环境下，企业需要整合内外部资源，发现市场机会，不断提供符合市场需求的产品及服务，并形成核心竞争优势，在这一过程中，企业创始人的企业家精神发挥着至关重要的作用。科大讯飞在早期创业阶段经历了异常艰难的历程，以公司创始人刘庆峰为核心的创始团队在企业成长过程中，表现出了卓越的企业家精神，从而带领企业克服了众多困难，在短短数年里成长为在中国资本市场有影响力的高科技企业。

（一）科大讯飞成功走出"死亡谷"的关键因素分析

1. 外部技术因素

从技术的关键性来看，在应用前景上，智能语音技术是一项信息技术时代的关键性基础技术，无论是在国防等国家战略领域，还是在社会生活的众多领域，都有着广阔的应用前景。

从技术的嵌入性来看，智能语音技术包括软件技术与硬件技术。硬件技术根据不同的应用场景差别较大，但是，底层技术相对成熟与标准化，例如：电脑音箱、汽车音箱、各式麦克风等，因此，智能语音技术的核心是软件技术。相对而言，软件技术一旦实现技术突破，可以用于各种应用场景与硬件设施，不存在较大的配套技术与基础设施的障碍，因而，具有较好的嵌入性。

从外部竞争者技术情况看，在科大讯飞创业的 1999 年之前，我国中文语音市场几乎 100% 掌握在 IBM、微软等国际大公司手中，国内该领域尚未产生具有自主知识产权核心技术的企业，竞争者主要是国外企业。我国从事智能语音研究的科研单位虽有数家，但是，大多技术并未实现产业化，几家从事中文语音研究的高校和科研院所，自己培养的人才大都出国学习或是选择去外企发展，甚至有些研究小组还被国外 IT 大公司连根挖走，一些跨国大公司纷纷在中国成立了专门的研发机构，开展智能语音研究。总体而言，当时，我国智能语音产品市场尚处于产品概念导入初期，已实现的市场销售规模不大，在桌面电脑、手机等领域的通用型产品居多，而各细分领域市场开拓不足。但是，当时国外企业的语音产品也存在一些弱项，例如：大多是通用性产品，且在各细分领域应用不多。因此，对于国内企业来说，如果拥有自主智能语音技术，则蕴藏着巨大的商业机会。

2. 内部技术因素

从技术的原创性来看，科大讯飞创业之初，由于中国市场上已有一些外资企业销售中文语音产品，公司拥有的智能语音技术总体来看，不属于原创性技术，属于追赶性技术。但是，公司创业团队拥有的技术具有自主知识产权，并且，技术水平处于领先地位。例如，公司拥有国际领先的语音核心技术，中文语音合成技术在历次国家 863 评比中均名列第一[⊖]，1998 年 12 月，在新加坡举行的国际汉语口语处理年会上，刘庆峰科研团队的 KD 语音合成系统得到与会各国专家的高度评价。

从技术的成熟度来看，公司是在中科大的支持下开展科研成果转化，

⊖ 《科大讯飞首次公开发行股票招股说明书》。

公司创业之初拥有的核心技术已经完成实验室研究阶段，技术相对比较成熟。例如，1998 年，刘庆峰代表中科大科研团队参加了在北京的 863 语音合成评测，在评测中获得了 3 分，成为当时"唯一达到了可实用阶段"的语音合成技术。因此，公司下一阶段的重点任务是进行合理的商业定位，制定合适的市场战略，找到市场细分领域，推出适合市场需求的产品，从而实现技术的商业价值。

3. 内部商业因素

从市场战略来看，科大讯飞在公司创立以后，在选择商业模式的过程中经历了反复、曲折的探索过程。如前所述，在 2000 年初，公司曾经将业务定位于 C 端零售客户，推出"畅言 2000"软件，但是，从市场销售情况来看，结果很不理想。因此，公司经过反思，在 2000 年下半年，开始改变市场战略，决定将目标市场定位于企业客户，不再直接面对终端用户，转而向企业客户提供语音核心技术模块，将自身技术应用于 PC、呼叫中心、智能网等领域，终于找到了适合自己的市场战略与商业模式，并取得了初步成功。

从人才角度看，科大讯飞作为中国科学技术大学科技成果转化项目发展起来的创业企业，而且由核心技术发明者王仁华教授担任公司董事长，刘庆峰等核心技术骨干均直接参与公司创立，拥有强大的技术团队。公司在成长过程中，长期与中科大智能语音实验室保持紧密合作，集聚了一大批国内语音技术专家，承担多项国家科研项目并取得丰硕成果，先后有多人次获得国家级及省级科技进步奖，在中文语音产业界形成了一支从业人数众多的高水平研发队伍。因此，总体来看，科大讯飞在创业早期，其人才优势也是促进公司成功走出"死亡谷"的重要因素。

从企业家精神角度看，科大讯飞以公司创始人刘庆峰为核心的创业团队在企业成长过程中，表现出了卓越的企业家精神，是科大讯飞成功走出"死亡谷"，并成长为国际知名企业的决定性因素。

4. 外部政策、经济及社会环境因素

长期以来，我国积极支持高新技术产业发展，1986年，党中央、国务院批准了《国家高技术研究发展计划》（简称"863计划"），1988年，国家科委又出台了"火炬计划"，促进高技术、新技术研究成果商业化、产业化。科大讯飞成立之初，公司拥有的技术本身长期得到国家"863计划"研究支持，同时，作为中科大"863计划"科技成果转化项目，属于国家高新技术产业，公司创新受到国家政策、地方政府以及中科大的大力支持。

在外部经济因素方面，创业资本有力支持是创业企业成长的重要因素，科大讯飞在成长过程中，在2001年获得了联想投资、国家创新基金和火炬计划等创业资本的金融支持，这对公司进行产品研发、提升公司治理结构以及市场竞争力发挥了关键作用。此外，公司语音技术的应用可能会给社会公众带来较大的便利性，提升工作效率，受到社会广泛欢迎。因此，总体来看，公司业务发展面临的外部政策、经济及社会等环境均十分良好，这为科大讯飞顺利走出"死亡谷"提供了良好的外部商业环境。

5. 决定科大讯飞走出"死亡谷"的关键因素

基于上述分析，结合本书第一章的分析框架，我们将决定科大讯飞走出成长"死亡谷"的关键因素总结为以下几个方面（见图4-4）：①坚持自主创新，拥有自主可控、成熟、领先的关键核心技术；②公司创始人拥有卓越的企业家精神；③合适的市场战略；④显著的人才优势；⑤政府政策大力支持；⑥国家创新基金及联想等创业资本的有力金融支持。

	技术	商业
内部	原创性 自主性 成熟度	战略 人才 企业家精神
外部	关键性 嵌入性	政策 经济 社会

图 4-4　科大讯飞走出成长"死亡谷"的关键因素

梳理科大讯飞的创业过程，我们发现，科大讯飞在创业之初，创始团队已经完成了具有自有知识产权的关键核心技术开发，技术成熟度达到一定程度，而且核心技术具有广泛的市场前景，因此，公司在创业之初的重点任务是进行合理的商业定位，制定合适的市场战略，找到市场细分领域，推出适合市场需求的产品，从而实现新技术的商业价值。基于以上分析，对于本案例，我们将科大讯飞分析的重点置于图 4-4 中的第一象限，即右上角。从上述影响科大讯飞进阶成长的关键因素中可以看到，第②~④项均属本书硬科创进阶四象限框架第一象限中的内部商业因素。其中，科大讯飞作为中国第一家由大学生与导师共同创业并成功上市的高科技企业，公司创始人刘庆峰，胸怀深厚的家国情怀，逐步由一名高校学生成长为世界知名企业家，所表现出的卓越企业家精神尤其值得称赞，这是本案例特别关注的因素，将在下面进行重点剖析。

（二）科大讯飞创业成长过程中遇到的主要困难

公司在创立之初，面临着重重困难，资金短缺、人才紧缺，公司所要进军的智能语音技术，在国内尚属于新兴领域，技术门槛高，市场认知度低，公司如果不能很好地解决这些问题，随时可能因陷入困境而夭折。

1. 公司创业早期阶段资金短缺

如前所述，在公司创业初期，公司资本有限，公司产品还没有研发成功，公司没有财务收入，而房租、人员工资等支出是刚性的，在公司成立初期 1999 年前后，公司曾经一度出现资金链断裂的危险。当时，公司账上只有不足 10 万元的现金，而公司 1 个月的支出则是 30 多万元。值此关键时期，合肥市政府出面协调，公司获得了安徽信托投资公司等三家企业 3060 万元的投资，解了企业的燃眉之急，否则，企业很可能在创业初期就夭折。

2. 创业团队对公司战略方向信心动摇

如前所述，在 2000 年左右，由于公司开发出的语音合成产品市场销售不佳，团队中的很多成员失去信心，对公司的战略方向开始动摇了，认为语音合成技术太难挣钱，技术门槛太高，便提议放弃语音技术转入其他产业。为此，公司高管团队于 2000 年的秋冬之际，于半汤专门召开为期两天的年度会议，即"半汤会议"，统一公司发展战略方向，继续深耕智能语音产业。

3. 创业团队企业管理经验与能力不足

在创业早期，公司主要高管团队都是科学家出身，科学家本身具有很强的研发能力，但是对于公司的发展战略、营销、运营等的经营管理能力相对不足，这一度成为制约公司发展的重要因素，公司创始人刘庆峰曾经公开表示，在公司成立初期，自认为不适合担任公司 CEO。2001 年，联想入股科大讯飞以后，科大讯飞引入了联想的企业文化与管理制度，在联想的帮助下，公司创业团队逐步提升了企业管理能力。

（三）科大讯飞成功走出"死亡谷"表现出的企业家精神分析

如前所述，科大讯飞在创业早期，面临着一系列的困难与挑战，公司必须有效克服这些困难与挑战，才能成功走出"死亡谷"，快速成长起来，在这一过程中，始终需要企业创始人发挥卓越的企业家精神。以刘庆峰为代表的科大讯飞创始团队，在企业渡过企业成长"死亡谷"的过程中，所展现的企业家精神主要体现在长远的战略眼光、敏锐的市场洞察力、坚定的创业信念、坚韧不拔的毅力、强大的执行力以及团队合作精神等。

1. 敏锐的市场洞察力

敏锐的市场洞察力是企业家精神最重要的特质之一。在公司 1999 年创立初期，公司创始人刘庆峰正值春风得意时，这时候的他同时拿到了去国外攻读博士学位的邀请以及微软提供的奖学金项目，但是，刘庆峰敏锐地认识到语音合成技术具有广阔的市场前景，放弃了多少年轻人梦寐以求的机会，毅然选择了创业，立志将语音合成技术转化为适合市场需求的创新产品。

2. 长远战略眼光与定力

优秀的企业家需要具有长远的战略眼光，而且在选择了企业长期发展方向以后，要保持坚定的信念与战略定力，不为一时的困难挫折或者利益诱惑而改变。科大讯飞成立以来，一直将语音产业作为企业的长期战略发展方向，并坚持研发自主核心技术，构建企业核心竞争优势。

公司早期的技术来源于刘庆峰的导师王仁华教授的实验室技术，但是，公司并不止步于已有的领先技术，继续通过与中国科学技术大学、清华大学、中国社科院语言所等单位的深度合作，坚持自主创新，实现了对中文语音产业核心源头技术的资源整合。科大讯飞在智能语音技术领域经过多年深入研究，在中文语音合成、语音评测等关键领域实现了技术突破，技术水平处于国际领先地位。

由于公司拥有全球领先的自主核心技术，此后，在相对较短的时间内获得华为、联想等大型企业客户的订单，为公司带来销售收入，并逐渐拓展市场，在 2004 年实现财务盈亏平衡。同时，科大讯飞在语言识别技术领域的自主核心技术优势，也为后来科大讯飞成功向人工智能（AI）领域进军与转型奠定了基础。

总之，科大讯飞作为一家技术创新型公司，在每个历史时期都能克服困难，最重要的原因就是，坚守进行源头技术创新的长远战略眼光，不追求短期利润，这种"十年磨一剑"的精神是科大讯飞发展最大的动力。

3. 强大的执行力

卓越的企业家在确立企业长远发展战略以后，还需要有强大的执行力，迅速抓住市场机遇，获取先发优势，否则，商机转瞬即逝，美好的战略蓝图就会成为水中月、镜中影。2000年公司在拓展与华为合作的过程中，公司创始人刘庆峰数次飞赴深圳，通过多次拜访华为，最终，华为决定与其签约尝试一下，答应在他们的系统平台上试用科大讯飞的语音技术模块。然而，经过试用，华为反馈科大讯飞的技术暂时还不能达到华为要求，需要做进一步的优化与完善，但是，华为只留给科大讯飞两个月的时间解决问题。于是刘庆峰要求公司技术团队进行技术攻关，在随后的一个星期里，公司技术中心语音产品部整个团队不分白天黑夜地加班加点，终于赶在华为给定的时间节点前解决了全部问题，最核心的骨干研发人员接近二十几天吃睡都在华为，被公司联合创始人江涛称为"华为之战"⊖。

经过此一役攻坚战，科大讯飞创始团队展现了强大的执行力，不但获得了华为的高度认可和长期订单，把技术嵌入合作方的系统平台这种商业模式也得到了验证，并以此奠定了科大讯飞商业模式的基调——"iFLY Inside"，即把科大讯飞在语音技术方面的核心能力提供给合作伙伴。

4. 坚韧不拔的毅力

创业企业在发展过程中，会遇到各种各样的困难，这就需要公司创始

⊖ 刘庆峰. 星火相传［M］. 北京：电子工业出版社，2024。

人拥有坚定的信念与坚韧不拔的毅力，勇敢迎接挑战，脚踏实地地解决创业过程中遇到的各种问题。

科大讯飞的早期方案是直接加入福建中银集团和中科大联合成立的"中科大中银天音智能多媒体实验室"，但是，合作不理想。创业团队并未气馁，而是筹集了300万元资金再度独立创业，成立了安徽硅谷天音科技信息有限公司。

刚开始创业的时候，条件简陋，创业团队在合肥龙河路租了一间三室一厅的房子，夏天十几个人挤在里面，没有空调，有时还要忍受接近40℃的高温。当时，创业团队基本都还是学生，白天在实验室或者课堂忙碌，只有晚上才能干活，都是要熬到凌晨三四点才能睡觉，常常能看到星星升起又落下，被称为"星星工作室"。

随着创业的推进，在1999年前后，由于没有财务收入，公司很快陷入财务困境，曾经一度出现资金链断裂的危险，此时，作为公司创始人的刘庆峰的压力很大，但是他并没有退缩，而是开始到处寻找创业资本的支持。但是，当时我国创业投资市场尚未发展起来，进展很不顺利，即使找到个别有投资意向的机构，它们却都不希望科大讯飞继续待在偏远的合肥，而应该去北京或上海。在寻找创业资本的同时，刘庆峰和科大讯飞团队也积极与政府部门沟通，向其展示科大讯飞在语音技术领域的潜力和价值，争取政府的支持。最后，在1999年底，在合肥市政府的支持下，美菱集团等三家公司对科大讯飞共同投资3060万元，让公司渡过难关，暂时解除了科大讯飞的资金链断裂危机。

5. 团队合作精神

创业是一项长期的系统工程，不能完全靠创业者个人单打独斗，而是需要打造一支精诚团结、相互协作的团队，利用团队的集体力量实现企业创业目标。自古以来，成大事者，都是依靠自己的团队创建功业。1999年，刘庆峰集结一批精英学子组成了18人的创业团队，由刘庆峰的导师王仁华教授担任企业董事长。

科大讯飞最开始有18个创始人，上市的时候有14人是一致行动人，这14人中有13人是最早参与创业的。刘庆峰作为公司主要创始人，一方面具有优秀的个人素质，同时，具有宽广的心胸，能够接纳、包容各方面人才，具有超强的团队凝聚力，能够团结一批志同道合的高素质人才，形成具有强大战斗力的核心团队。正如刘庆峰后来接受媒体公开采访所说的，"做CEO，首先要有创造力。要能文能武，带队打仗，否则大家不服你。其次，要有刘备的心胸，该三顾茅庐就要去，不仅要三顾茅庐请诸葛亮这样我们佩服的人，对周围人的心胸也要广""做了CEO后，我才真的体会到了什么叫'宰相肚里能撑船'，你要包容他很多的缺点和问题，就因为他比别人强，他能和你把团队建设好，把公司事业做得更快。所以，CEO的包容性极其重要"○。

随着公司的发展，公司更多依靠建立机制与文化，来提升团队协作能力。例如，为了解决个人职业天花板的问题，公司建立了双向金字塔的职业模式，任何员工，只要有能力与业绩，再加上业务方向有空间，就可以在其负责的业务方面发展出新的金字塔来，从而使得我们整个组织有着无穷的成长空间。同时，塑造长期集体创业的文化，提出"我们的到来不是因为讯飞完美，而是因为完美的讯飞将由我们来创造"的口号，鼓励员工真正成为企业的主人○。

科大讯飞公司创始人刘庆峰，能够带领创业团队，成功将企业从大学实验室技术发展成为在全球有影响力的科技企业，其体现出的企业家精神

○ 君联资本CEOClub，"科大讯飞刘庆峰：团队力量——企业成长的保障"。
○ 《科大讯飞成立18周年宣传视频》。

是多方面的，特别是在公司创业早期，公司发展遇到困难，但公司创始人刘庆峰始终坚定创业信念，坚韧不拔。试想一下，在上述关键时期，如果公司创始人信念不足，遇到困难就信心动摇，则科大讯飞的发展路径可能与今天的完全不同。

二、智锂物联关键成长因素小结

智锂物联通过基于大数据和机器学习算法的数字化运营，优化了换电场景、智能充电堆、换电调度、电池资产管理以及电池安全监控等五大核心领域，显著提升了整体运营效率和安全性。这些创新构成了其竞争壁垒的关键所在。公司深刻把握当前重卡换电模式在政策利好和经济成本上的优势，积极开拓产品应用场景，创造更多市场机遇。同时，智锂物联在提升内部商业能力方面也进行了一系列多维度的努力，进一步夯实了其未来增长的基础。

（一）外部技术：立足有外部潜力的领域

换电模式优势众多，重卡的电池系统接口更容易统一标准，换电是解决电动重卡当前补能痛点的优化方案。

1. 关键性：换电重卡渗透率不断提升，换电作为新能源重卡快速补能方式优势多

我国重卡保有量已超过 850 万辆，工程机械保有量也已突破 800 万辆，2020 年重卡销量更是突破 162.8 万辆。随着中国进入新一轮基建周期，以及 2030 年碳达峰目标的推进，预计 2025 年，电动重卡将突破 50 万辆，2030 年突破 500 万辆。作为实现"双碳"目标的重要环节，重卡电气化已经成为大势所趋。

换电模式凭借其高效的补能能力、车电分离技术、较小的占地面积、电网友好、能延长电池寿命和提高安全性等优势,正逐步成为电动重卡的重要补能方式。根据重卡换电龙头运营商启源芯动力发布,2024年启源芯动力新增换电站约500座,超过了前三年累计建站数量。目前,换电模式的技术储备已日趋成熟,预计在政策支持下,未来将迎来快速增长。

2. 嵌入性:电池标准化程度制约行业发展,换电互换性标准体系建设是解决换电模式与汽车产业嵌入性的关键

在政策的推动下,换电模式正迎来快速发展,但仍需一些配套政策的支持。2022年全国两会前,全国人大代表、吉利控股集团董事长李书福提出了《关于加大电动汽车换电体系建设的建议》,他指出,换电模式仍面临若干配套政策的滞后,需要政府部门、行业协会、企业等多方共同合作推动。特别是在国家标准方面,除了2020年5月的《电动汽车安全要求》《电动客车安全要求》和《电动汽车用动力蓄电池安全要求》三项强制性标准,以及2021年出台的《电动汽车换电安全要求》,其他大多数标准仍然是较早发布的推荐性标准和行业标准,在快速发展的新技术和新形势面前,亟待修订和完善,转化为强制性国家标准。

目前,各电池厂商的研发方向和进度差异较大,动力电池的能量密度、电池结构和尺寸规格等方面尚未统一,导致换电模式难以形成规模效应。低标准化的换电电池制约了不同品牌车型共享同一换电站的可能,延缓了换电站的发展进程。为解决换电模式的适配问题,车企与电池企业必须共同推动标准化进程。没有统一的标准,车企仍将采用不同的换电接口,无法实现真正的互通互换。

因此,必须加速推动换电模式的标准化与通用化,尤其是换电接口软硬件协议的标准化,预设2~3种技术先进的接口形式并制定推荐性标准;

规范换电站的机构、形式及兼容性，确保技术先进的换电站获得优先支持；推动换电电池包的标准化，使其能够在不同车企、不同换电站和用户之间实现互换。

在2022金砖充换电论坛上，中国电动重卡换电产业促进联盟秘书长李立国透露，国家相关部门正在推动重卡换电互换性标准的制定，预计正式版文件发布后，整个行业将依据这一标准开发相关产品。同时，清华大学碳中和技术论坛上欧阳明高院士也透露，中国换电重卡联盟正在起草一系列标准，以推动国内换电重卡标准体系的建立。截至2024年11月，电动商用车车载换电系统互换性汽车行业标准已于2023年12月底正式发布，关于换电站的互换性国家标准已进入报批阶段。

在政策和资本的推动下，锂电池和换电站技术的迭代速度显著加快，成本逐步下降，技术逐渐成熟。未来，锂电池资产运营产业将以数据为核心竞争力，形成新的市场格局。高效利用锂电池资源，包括换电站间的调度优化、充电与储能的双向能源管理、电池状态与寿命检测、梯次回收利用以及安全预警等，都将显著提高锂电池租赁和换电的资本回报。因此，数字化运营将成为未来锂电池运营行业的重要竞争壁垒。

基于大数据和机器学习算法的数字化运营，可以在换电场景、智能充电堆、换电运营调度、电池资产管理和电池安全监控等五个关键维度大幅提升整体运营效率和安全性，从而为企业建立起行业壁垒和竞争优势。

具体而言，在换电场景的效率提升方面，数字化运营主要优化初始投资、提升单站服务能力、提高电池投资收益，并降低车辆换电时的能耗。在智能充电堆方面，数字化运营能够智能检测电池健康状态，降低运营成本，并与电网互动提供调频服务，通过建立直流微网架构实现双向能源管理，进而动态分配功率，提升整体收益。

换电运营和调度平台能够有效实现站点间锂电池资源的动态调配，从用户需求、充电状况、电池健康等多个维度进行全面优化。最直观的效果体现在锂电池周转率的提升和空置时间的缩短。此外，平台还确保用户使用的是状态良好的电池，司机可以通过 app 提前预约，避免出现到站时没有可用电池的情况，显著提升了用户体验。

数字化电池资源管理平台是提升整体运营效率的核心。通过智能充电堆的联网，平台可以高频率地对锂电池进行健康监测，实时掌握电池的状态与衰减情况。这种精准的电池寿命预测能够在电池的不同生命周期阶段实现对资源的最大化利用，从而提高资本回报率。安全性也是锂电池运营中的一个关键问题，电池起火等安全事件时有发生，成为社会舆论关注的焦点，尤其在集中充电的场景下更是资产保护的重大挑战。通过将每个电池联网监控，平台可以实现大数据驱动的安全预警、故障检测、用户滥用报警、充电设备滥用报警以及车辆滥用报警等功能，有效提前识别潜在风险，最大限度地保障资产安全和人员安全。数字化资产运营平台不仅是实现锂电池资源全生命周期最大化利用的关键，还将成为未来锂电池资源运营领域的竞争壁垒。

（二）内部技术：具有领先的内部技术实力

智锂物联凭借其雄厚的内部技术积累，依托于清华大学欧阳明高院士团队的深厚技术基础，成功推出了基于 AI 和大数据的云控电池管理技术，已与地方政府及多家行业龙头企业展开深入合作，进一步巩固了其在行业中的领先地位。

1. 原创性：源于院士团队

智锂物联的技术起步源自欧阳明高院士团队，该团队在电池安全技术和相关领域积累了丰富的经验。基于清华大学欧阳明高院士团队研发的电池大数据分析算法与电池热失控机理模型，智锂物联推出了融合锂电物联网、电池大数据分析和 AI 算法的云控电池管理技术。该技术通过强大的大数据挖掘能力，提取电池安全事故的全过程数据，并结合人工智能和电池机理特征，建立了故障演化过程的特征模型与识别算法。此举大幅提升了电池全生命周期状态估计的精度，强化了故障诊断、安全预警等功能。该技术水平已达到行业领先，预警准确率高达 98%，且安全事故的预警时间不低于 10min，显著提高了电池系统的安全性和可靠性。

2. 自主性：基于电池大数据分析的能源数字化运营体系

智锂物联致力于技术的自主创新，已申请 151 项专利，其中包括 57 件发明专利、87 件实用新型专利和 7 件外观设计专利，累计获授权 88 件。公司最核心的技术是其基于电池大数据分析的能源数字化运营体系。该平台通过协同换电站运营、电池资产管理及安全系统，利用大数据分析技术提升整体运营效率与资产使用效率。该锂电大数据分析系统采用了人机协同的大数据处理方法，能够输出高质量的分析结果，全面支持业务的落地实施。

3. 成熟度：从技术到产品，再到产业化落地

智锂物联在重卡锂电池资产运营领域，已经积累了丰富的技术经验与产业化落地实践，涵盖了三个关键点：锂电池租赁、换电站运营和锂电池数字化管理。公司与行业龙头企业建立了深入合作关系，并与多个地方政府，如宜宾市、乌海市、鄂尔多斯市、十堰市等开展了产业落地合作。此外，智锂物联还与国际企业如丰田、壳牌和瑞典 Halmstad 携手，共同推进国际重卡换电示范项目，截至 2024 年 11 月已落地 100 座换电站。

在数字能源领域，截至 2023 年底，智锂物联已接入超过 40 万台电池系统，涵盖 61 种电池类型。公司累计进行 AI 检测 2626 亿次，成功识别故障超过 10 万次，进行安全预警超过 300 次，且热失控报警达 12 次。在产

能建设方面，智锂物联在四川宜宾建立了重卡车载换电机构及换电设备智能制造项目，占地面积30.7亩，设计年产能达到2万套重卡车载换电系统和400套换电设备。该项目已于2023年6月正式投产，进一步提升了公司的生产能力和市场竞争力。

（三）外部商业：恰逢外部市场机遇

换电模式近年来迎来政策的强力支持，成为新基建领域的热门话题。在经济性方面，换电重卡展示了其较高的性价比，政策与经济双轮驱动为换电模式的发展提供了强有力的保障。

1. 政策：充换电基础设施迎来政策风口，重卡换电政策试点范围逐步扩大

换电模式在2019年后进入了新的发展阶段，标志性事件是相关政策的持续出台，政策频繁提及换电作为未来发展的关键。换电模式经历了初期的摸索阶段，随后的几年里，政策开始大力推动这一模式的发展。2018年12月，国家发展改革委等四部门联合发布了《提升新能源汽车充电保障能力行动计划》，提出"继续探索出租车、租赁车等特定领域电动汽车换电模式应用"。2019年10月，国家发展改革委修订发布的《产业结构调整指导目录（2019年本）》明确将换电技术列入鼓励类发展项目。2019年12月，《新能源汽车产业发展规划（2021—2035年）》征求意见稿进一步明确"合理布局充换电基础设施，鼓励开展换电模式的应用"。2020年4月，财政部等四部委发布的新能源补贴新政明确支持换电模式的车辆，且起售价在30万元以上的新能源汽车可享受换电支持；同年5月，换电站首次作为新型基础设施写入《政府工作报告》，"建设充电桩"的表述被修改为"增加充电桩、换电站等设施"。

其中，最具实质性推动的政策为2021年10月，工业和信息化部发布的《关于启动新能源汽车换电模式应用试点工作的通知》，启动了新能源汽车换电模式的应用试点工作。此次试点工作覆盖11个城市，其中包括8个综合应用类城市（北京、南京、武汉、三亚、重庆、长春、合肥、济南）和3个重卡特色类城市（宜宾、唐山、包头），预计推广换电车辆10万辆，建设换电站超过1000座。除国家层面的政策支持外，北京、河北、广东、山东、上海等地也陆续发布了鼓励充换电基础设施建设的政策，提供了各类优惠补贴，推动了地方换电产业的蓬勃发展。

2. 经济：换电模式已具备经济性

换电模式能够显著降低用户的购置成本和使用成本，体现了其在经济性上的优势。

在购置成本方面，换电模式的裸车价格（不含电池）显著低于传统电动汽车和同级别的燃油车，这使得电动重卡的初期投入更加可控，降低了用户的购车门槛。

在使用成本方面，虽然换电模式的使用成本相较于充电模式略高，但仍显著低于传统燃油车的运营成本。对于换电站运营商来说，通过服务更多日行驶里程较长的商用车，并提高换电站的服务次数，能够较快收回前期投入并实现盈利。因此，影响换电站盈利能力的关键因素是其服务的频次以及电动汽车的行驶里程。

3. 社会：换电重卡解决重卡碳排放大、补能焦虑问题

重卡的新能源化进程迫在眉睫。根据生态环境部的数据，重型卡车的氮氧化合物和颗粒物排放分别占据汽车排放总量的85%和65%，一辆超标重卡的尾气排放量相当于200辆传统汽车。在国家"双碳"目标的背景下，推动重卡的新能源化变得尤为重要。

换电重卡在这一过程中扮演着至关重要的角色。重卡车型的能耗大，续航里程有限，补能频次较高。在诸如城市建材运输、矿区矿物运输和港口物流等场景中，重卡通常需要长时间连续作业，补能速度成为影响作业效率的关键因素。相比传统充电模式，换电重卡仅需 2~5min 即可完成换电，极大地解决了电动重卡补能的痛点。换电模式还采用了车电分离的设计，能够减少电池的初期投资，并减轻运营负担。此外，换电重卡还具有更加灵活和高效的运营模式，使其在重卡新能源化过程中成为主力军。

（四）内部商业：着力打造内部业务模式和团队

智锂物联凭借其强大的技术积累和行业经验，成功打造了软硬件一体化的业务模式，为公司的快速发展奠定了坚实基础。团队成员大多数具备电池管理背景，技术积淀深厚，这为其在行业中占据领先地位提供了有力支撑。公司不仅自持锂电池资源和换电站设备，还通过开发数字化运营管理平台，实现了对整个业务的有效统筹和管理。

1. 业务：重卡锂电池资产行业业务闭环

智锂物联在重卡锂电池资产行业中建立了完整的业务闭环。通过自持锂电池资源，结合电池金融、保险等方式，发展了锂电池租赁业务。此外，公司为加盟的重卡换电运营商提供换电站设备以及全方位的运营管理服务。最终，通过数字化运营管理平台，智锂物联能够将各个环节高效连接起来，对租赁的电池进行托管和运维，从而有效提高电池寿命、优化资源利用，推动梯次回收利用，实现电池资产的高效调度分配。

智锂物联商业模式的核心在于数字化运营管理。其平台通过数据驱动优化产业链各环节的协同合作，实现资产和资本的最优利用，这一创新模式使公司在未来的市场竞争中拥有强大的壁垒。

2. 团队：清华背景团队，三方面股东资源

智锂物联拥有行业领先的能源装备及电池大数据 AI 团队。智锂物联创始人兼 CEO 李立国毕业于清华大学汽车工程系，同时是清华大学首期创新领军工程博士，师从欧阳明高院士，科易动力创始人，重卡换电互换性标准知名专家。团队另外三名主要合伙人皆有长安新能源背景。刘波，电池集成专家，重庆大学能源动力博士，曾任长安新能源电池系统团队负责人、三电系统总监；洪木南，控制管理专家，清华大学汽车工程系本硕博、研究员级高级工程师，10 年以上新能源汽车电池管理系统经验，曾任长安新能源 BMS 软件技术负责人；李可心，电化学专家，中科院物理所凝聚态物理专业博士，曾任宁德时代电池开发项目经理，长安新能源电化学模型技术负责人。其余的核心成员还有互联网运营的背景，对电池租赁场景化业务有很大帮助。

智锂物联的技术团队不仅技术过硬，还在科研、行业龙头央企、地方政府基金等方面得到了强有力的支持。首席科学家欧阳明高院士是中国科学院院士，清华大学教授，并在新能源动力系统与交通电动化领域具有深远影响。他领导的团队通过将科技成果产业化，已成功孵化多个新能源领域的创业公司，推动了行业技术进步。

在产业合作方面，智锂物联与国家电投启源芯动力建立了战略合作伙伴关系。国家电投是国内较早进入换电重卡领域的企业，2019 年研发了全球首台换电重卡，并计划到 2025 年投资 1150 亿元，推广 20 万台重卡，建设 4000 座换电站，新增电池 22.8 万套。启源芯动力作为国家电投旗下专注换电重卡领域的子公司，自 2022 年起大举投资建设换电站，推动重卡换电技术的发展。

此外，智锂物联在 Pre-A 轮融资阶段获得了宜宾市人才基金的领投，并在宜宾市三江新区投资建设了年产 2 万套重卡换电装备的制造基地。宜宾

市作为首个建立完整换电产业链的试点城市，依托能源港的示范效应，将推动换电产品在港口、建筑工地和高速公路等多个场景的应用，进而走向全国。

智锂物联凭借强大的技术团队和多方股东资源，不仅在重卡换电技术领域获得了战略优势，也为未来的产业竞争和市场扩展奠定了坚实的基础。

3. 企业家精神：技术引领 + 行业引导

智锂物联的创始人兼 CEO 李立国，拥有深厚的技术背景和丰富的行业经验。他本硕均毕业于清华大学汽车工程系，是清华大学首期创新领军工程博士，师从欧阳明高院士。李立国在科技创新方面的成就不容小觑，2016 年获得中国汽车工业技术发明一等奖，这是汽车行业的最高荣誉之一。他共申请了超过 423 项专利，获得发明专利授权 78 项，其中作为第一发明人申请发明专利 55 项，展现了其在技术研发领域的突出贡献。

作为一位连续成功的创业者，李立国不仅在智锂物联取得了显著成就，还于 2010 年创立了科易动力，并带领其成为汽车动力电池系统领域的领军企业。科易动力在电池管理系统（BMS）和电池系统集成（PACK）技术上具有领先优势，成功为乘用车、商用车、两轮车、场地车、叉车、快换/快充重型卡车、工程机械等多种车型研发并配套定制化的动力电池系统。如今，科易动力年销售额接近 10 亿元，正处于 Pre-IPO 阶段，进一步彰显了李立国的创业眼光和市场影响力。

李立国不仅在技术领域深耕，还在电动汽车充换电行业扮演着举足轻重的角色。他担任中国电动汽车充换电标准委员会委员、中国电动重卡换电产业促进联盟秘书长，以及多项行业标准工作组的重要职务。李立国积极推动中国电动重卡换电产业促进联盟的成立，并推动互换性标准体系的建设，加速电动重卡换电网络的产业化和标准化进程，尤其是在机械接口、冷却接口、电气接口、通信协议和电池包的标准化方面起到了引领作用。

李立国的企业家精神不仅体现在技术创新和创业成功上，更在于他深刻理解行业内的挑战与机遇。他通过担任多个行业组织的领导职务，带领行业快速发展，并在多个层面为电动汽车和换电产业的发展贡献了自己的智慧与力量。他身兼多重角色，既是技术先锋，又是行业领导者，为行业的健康发展和创新进步注入了源源不断的动力。

三、智能环保企业关键成长因素

追求创业成功并在创业过程中创造价值是所有科技型创业企业成立之初的目标。创业过程中充满了复杂且极具挑战性的内部问题，本案例将科技型创业企业的一系列典型企业内部能力归纳为两个维度和四个阶段的问题。两个维度是指技术维度和商业维度。四个阶段包括：①从 0 到 1 的创立发起阶段，②早期萌芽发展阶段，③相对高速发展阶段，④相对稳定发展阶段。这些典型的内部治理问题是所有最终取得成功的创业企业必须面对并解决的问题。

本案例分别从企业外部环境、企业内部经营、企业内部技术赋能、企业内部商业赋能等多个角度总结了企业成功创业的经验。

1. 企业外部环境因素

企业充分利用环保细分领域的产业升级发展机遇。在"双碳"战略背景下，我国环保产业迎来黄金发展期。然而在具体细分领域中，特别是固废处理、工业污染治理等传统领域，仍存在显著的结构性矛盾。数据显示，该领域小企业占比超过 75%，行业平均利润率仅为 6.8%，呈现出典型的"散、乱、弱"特征。技术装备水平落后、运营效率低下、人力依赖度过高等痛点，严重制约着行业的可持续发展。这些行业特点为企业产业升级提供了良好的机遇。

2. 企业内部经营因素

企业准确剖析了生存困境并掌握破局之机。数据显示某工业固废处理企业的经营数据颇具代表性：人工成本占比高达42%，设备能耗超出国际先进水平35%，项目交付周期长达同类企业的1.8倍。这种粗放式发展模式导致企业陷入"低价竞争—利润压缩—研发投入不足"的恶性循环。更严重的是，行业技术工人平均年龄已超过45岁，面临严重的人才断层危机。在此背景下，本案例的科技型创业企业通过"技术+商业"双维赋能，实现了年均复合增长率达100%的跨越式发展。这种创新实践为传统行业转型升级提供了可复制的范式。

3. 企业内部技术赋能因素

企业构建技术维度赋能体系。企业主动寻找核心技术突破路径，创业团队在技术维度确立了"三级研发体系"：基础层开发高智能创新生产设备；应用层构建智能装备平台，实现处理效率的指数级提升；数据层搭建工业物联网系统，使运营成本可视化率提升至95%。这种分层递进的技术架构，形成了企业持续创新的内生动力。企业推动构建智能制造系统，通过部署5G+工业互联网解决方案，打造了"数字孪生工厂"。具体措施包括：①建设智能中控系统，实现设备互联互通率100%；②开发AI质量检测模块，大幅降低产品不良率；③应用预测性风险预警技术，大幅降低安全事故发生率。为防止技术成果被快速模仿，企业构筑技术壁垒，建立了"专利群+技术秘密+标准制定"三位一体的保护体系，累计申请发明专利40余项，参与制定行业标准多项，核心工艺参数采用黑箱加密技术。这种立体防护使技术领先窗口期延长至2~4年，为企业赢得宝贵的发展时间。

4. 企业内部商业赋能因素

企业成功借助商业维度的领先理念促进自身发展。

（1）企业商业能力发展呈现明显的阶段性特征。

- 初创期（从 0 到 1 阶段）：采用创新技术授权模式，快速验证技术可行性。
- 成长期（从 1 到 10 阶段）：转型为智慧运营服务商，构建持续收入流。
- 扩张期（从 10 到 100 阶段）：打造产业互联网平台，实现生态化发展。
- 成熟期（从 100 到 N 阶段）：具有行业领先地位，实现快速高效发展。

（2）组织能力建设体系，在人才管理方面，推行高效的人才激励机制：技术骨干享有项目分红权，管理团队实施虚拟股权激励，核心员工参与企业内部融资跟投计划。这种制度设计使关键人才保留率保持在 95% 以上，远高于行业平均水平 72%。

（3）面对行业周期性波动，企业进行风险管控机制创新，构建了"四维风险雷达"系统。

- 技术风险：设立首席技术官（CTO）领衔的创新委员会。
- 市场风险：建立客户健康度评估模型。
- 财务风险：实施现金流压力测试机制。
- 合规风险：搭建法规动态追踪数据库。

（4）搭建领先的发展阶段能力跃迁模型。

从 0 到 1 阶段，价值验证期：此阶段聚焦 PMF（产品市场匹配）验证。企业通过"最小可行产品 + 标杆客户"策略，在 6 个月内完成 3 个典型场景验证，获得首批 500 万元订单。关键动作包括组建跨职能突击队、建立快速迭代机制、构建初始技术原型库。

从 1 到 10 阶段，能力沉淀期：进入规模化扩张阶段后，着力打造"三个中台"：技术中台沉淀可复用的模块化方案，数据中台实现客户资产数字化，组织中台建立标准化管理体系。此期间企业通过了CMMI3级认证，研发流程效率提升40%。

从10到100阶段，生态构建期：当前阶段重点布局产业生态，通过设立专项基金、建设联合实验室、发起技术联盟等方式，已连接上下游企业30余家，形成协同创新网络。平台化战略使边际成本下降至传统模式的30%，网络效应开始显现。

从100到N阶段，快速发展期：企业建立了完整的产业链体系，企业内部各部门高效协同发展，在效率和效益两方面，均成为行业内具有绝对领先地位的企业，成为同行业竞争者追逐和模仿的标杆企业。

5. 价值创造的多维体现。

（1）企业层面价值飞跃。财务指标方面，企业估值3年增长5倍，营业额增长18倍。非财务维度，企业员工数量增长40倍，获得国家专精特新"小巨人"认定，形成具有行业影响力的技术品牌。

（2）产业层面溢出效应。通过技术扩散效应，带动行业整体技术水平提升：关键设备国产化率从52%升至78%，行业平均能耗下降19%。管理层面，其创建的"智能运维标准"被多家企业采用，推动行业服务模式从"人海战术"向"智慧运营"转型。

（3）社会层面综合效益。环境效益方面，技术应用累计减少数量可观的二氧化碳排放。就业结构上，推动行业人才结构优化：技术人员占比从18%提升至35%，培养数字化复合型人才超百人。这种价值创造实现了商业成功与社会效益的有机统一。

本案例验证了"技术洞见 × 商业洞察 = 持续价值"的成功公式。数据显示，坚持双维协同发展的科技型企业，5年存活率是单一维度企业的2.7倍。这要求创业者既要保持技术敏锐度，又要具备商业系统思维。

对于传统产业转型，建议采取"痛点切入—单点突破—系统重构—生态共建"的四步走策略。政府层面需要完善"创新券＋首台套"政策组合，建立产业共性技术平台，加速创新成果扩散。

随着数字技术纵深发展，环保产业正在向"智能感知—自主决策—动态优化"的智慧化阶段演进。建议企业重点关注数字孪生、区块链溯源、碳资产管理等前沿领域，在产业变革中持续保持领先优势。这个科技创业案例深刻揭示了新经济发展范式下企业成功的底层逻辑。通过技术和商业双维能力的螺旋式提升，不仅实现了单个企业的价值跃迁，更重要的是开创了传统产业转型升级的新路径。其经验表明：在数字经济时代，科技型创业企业正在成为产业变革的"鲶鱼"和创新扩散的"播种机"，这种价值创造模式对推动经济实现高质量发展具有重要现实意义。

CHAPTER 5

第五章

硬科创进阶与外部环境塑造

第一节　从生物医药硬科创进阶看外部环境塑造

本书所选取的硬科技企业案例都是各自领域内的明星企业和佼佼者，这些企业往往能够迅速走入金融机构的投资视野，成为资本市场关注的焦点，并获得资本的青睐。人工智能、医药生物等行业的科创企业在自身成长发展过程中，离不开各级政府的精心培育、行业相关创新政策的支持，以及良好的投融资生态等外部环境。

生物医药产业是关系国计民生和国家安全的战略性新兴产业，该行业的发展是以科技创新作为主要的实现方式，通过相关技术的革新与突破来进一步提高产品的社会价值，更好地满足临床用药需求。自2015年国务院发布《关于改革药品医疗器械审评审批制度的意见》以来，我国药品审评制度已与国际标准接轨，这极大地激发了医药行业在创新和发展方面的活力，显著提升了研发的效率，并加快了我国新药上市及国际化的步伐。自2018年起，全国范围内开始实施的带量采购政策及同年港股允许符合条件的未有收入的生物科技公司 IPO 上市融资等政策，北京、上海、苏州等地的大量医药科创企业在 A 股及港股实现了上市（见表5-1、表5-2、表5-3），这进一步坚定了我国医药企业及相关机构大力开展医药产业科技创新的决心。对生物医药产业发展趋势的乐观积极预判，正是创业者走上创业之路的重要前提。近年来，百济神州、信达生物等创新型医药企业迅速崛起，我国生物科技公司参与的中外新药跨境交易数量和规模不断刷新纪录（见图5-1）。

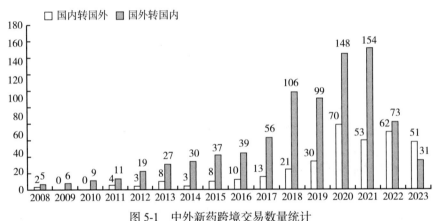

图 5-1 中外新药跨境交易数量统计

资料来源：医药魔方（截至 2023 年 8 月 22 日）。

表 5-1 部分地区 A 股科创版上市企业情况

地区	科创版企业数量	首发募集总金额（亿元）	合计总市值（亿元）
上海	82	1461	13 018
北京	70	978	10 178
苏州	51	623	5420
深圳	43	466	5260
杭州	29	347	2737

（续）

地区	科创版企业数量	首发募集总金额（亿元）	合计总市值（亿元）
合肥	20	247	1679
南京	16	194	1258
武汉	10	95	613

资料来源：choice（截至2023年6月19日）。

表5-2 北京、苏州、武汉三地A股上市医药健康企业概况

地区	A股上市公司总数量	近5年上市数量（2019年以来）	总市值（亿元）	市值百亿元以上企业
北京	48	28	7971.3	21家：爱美客（941亿元）、同仁堂（791亿元）、万泰生物（767亿元）、康龙化成（493亿元）、乐普医疗（430亿元）等
苏州	8	7	419.8	1家：泽璟制药-U（138亿元）
武汉	9	1	1191.6	4家：人福医药（435亿元）、九州通（311亿元）、马应龙（129.9亿元）、健民集团（112.6亿元）

资料来源：wind（截至2023年6月8日）。

表5-3 北京、苏州、武汉三地港股上市医药健康企业概况

地区	港股上市公司总数量	近5年上市数量（2019年以来）	总市值（亿元）	市值百亿元以上企业
北京	30	21	5038.8	6家：百济神州（1667亿元）、京东健康（1471亿元）、艾美疫苗（497亿元）、康龙化成（300亿元）、昭衍新药（140亿元）
苏州	10	9	788.7	1家：信达生物（519亿元）
武汉	1	1	13.8	0家

资料来源：choice（以公司办公地址所在区域为筛选标准，截至2023年6月8日）。

政府是塑造及影响企业生存发展外部环境的重要机构。地方政府的精心培育为中国医药行业的创新与发展提供了沃土，使得创新医药传奇故事

在北京、苏州、武汉等城市不断上演，也进一步吸引了众多科技型企业和人才，为区域产业发展做出了巨大贡献。我们在与地方政府的沟通中也常被问及究竟哪些外部政策和举措，真正有助于新兴科技领域企业的发展。

为此，我们试图以生物医药行业为例，抽丝剥茧找到答案。通过研究，我们发现对于医药硬科创企业来讲，人才、研发、资金等相关配套，区域整体行业发展水平等都是对其影响较大的外部环境条件。

各地的科技园区作为有效市场与有为政府协调一致、精准发力的浓缩体现，是发挥我国制度环境优势的有效平台。因此，从实践的角度，我们认为有必要进一步聚焦到科技园区，我们将通过优秀医药园区的发展实例来诠释对于企业外部环境产生较为关键影响的政策及措施。

第二节　外部商业环境塑造缩影：生物医药园区

园区是我国创新精神及创业奇迹孕育萌发的重要土壤，北京中关村国家自主创新示范区、苏州工业园区以及武汉东湖高新技术产业开发区（简称武汉东湖高新区）在近年的国家生物医药产业园区竞争力评估中名列前茅（见表5-4），并在环境竞争力、产业竞争力、技术竞争力等多个方面均处于领先地位。这些园区在发展至今的几十年历程中积累了大量的优秀经验，培育了一批中国生物医药硬科创企业，与此同时它们如今也成长成了世界级的生物医药产业园区。

表5-4　2021年国家生物医药产业园区竞争力排名情况

园区名称	总排名	环境竞争力排名	产业竞争力排名	技术竞争力排名	人才竞争力排名	合作竞争力排名
北京中关村国家自主创新示范区	1	1	1	1	1	1

(续)

园区名称	总排名	环境竞争力排名	产业竞争力排名	技术竞争力排名	人才竞争力排名	合作竞争力排名
苏州工业园区	2	6	2	2	2	2
武汉东湖高新区	4	3	4	5	5	5

资料来源：《2022 中国生物医药产业园区竞争力评价及分析报告》。

通过观察三个园区的发展历程，我们认为积极有力的人才政策、大力度的创新研发支持政策、推进重点科研平台建设及成果转化的政策实施及高效赋能科创企业健康发展的金融支持政策是三地成为医药创新高地的关键。

一、积极有力的人才政策

医药产业的成长与进步主要依赖于医药技术的创新和突破，在这一过程中，人才作为关键的生产力资源，对于推动地区产业结构的转型升级和经济的高质量发展起着至关重要的作用。引进领军型人才和国家高层次人才将显著提升地区在行业中的竞争力和影响力。三个园区针对不同层次的人才制定了相应的引育政策（见表 5-5），尤其重视对于顶尖人才和重大项目的引进，而这些顶尖人才和重大项目往往都是硬科技项目的核心参与者或重要承载者。

表 5-5　北京中关村国家自主创新示范区、苏州工业园区、武汉东湖高新区人才政策概况

政策制定机构	政策名称	政策要点
北京中关村国家自主创新示范区	中关村科学城促进人才创新创业发展支持办法	全球顶尖人才（团队）落地海淀，将一事一议给予支持；对创新领军人才、青年英才分别给予每人 100 万元、50 万元的一次性奖励，并配套创新培育、创业扶持等支撑性、便利化服务；对利用市场化手段引进海内外优秀人才的中介机构及用人单位予以支持，分别给予最高 100 万元、50 万元的补贴

(续)

政策制定机构	政策名称	政策要点
苏州工业园区	"领军登峰"人才支持计划及科技领军人才政策	（一）"领军登峰"人才计划 根据不同背景条件，按照"一事一议"方式给予顶尖支持，支持力度上不封顶 （二）科技领军人才政策 （1）创业启动资金：重大领军项目300万~1000万元，领军项目200万元，孵化项目100万元 （2）研发用房补贴：重点领军项目3年免租，面积不设限制；成长项目1000m²，3年免租；领军项目和孵化项目500 m²，3年免租 （3）人才购房补贴：重大领军项目200万元；其他项目100万~150万元 同时给与融资贷款、土地安置，人才安居，产业基金、研发补贴等支持
武汉东湖高新区	光谷人才11条和3551光谷人才计划	对顶尖科学家，给予最高1亿元无偿资金资助。对领军人才，按照用人单位支付人才年薪的50%给予无偿资金资助，特别优秀的可定制支持方式。对高层次人才，给予最高1000万元无偿资金资助。对高端服务人才，给予最高50万元无偿资金资助。对35周岁以下的优秀青年人才，给予最高30万元无偿资金资助。资助资金由人才自主支配，用于安家补助等方面

资料来源：相关政府网站，清华大学全球私募股权研究院整理。

回顾各地园区人才政策的发展，苏州市人民政府及苏州工业园区在构建人才承载平台和布局聚才网络方面提供了宝贵的经验（见图5-2）。苏州工业园区是我国最早出台专项人才引进政策的区域之一。2007年启动的"姑苏创新创业领军人才计划"在当时是国内支持力度最大的区域人才政策，涵盖了引进待遇、落户政策、子女教育等多方面的优惠。2008年，园区对领军人才的总资助额超过1000万元，其政策力度在当时遥遥领先。2010年至2020年间，苏州市人民政府相继出台了《关于进一步推进姑苏人才计划的若干意见》《关于加快人才国际化引领产业高端化发展若干政策措施》以及"人才新政40条"等政策，进一步丰富了苏州在医药顶尖人才引育方面的政策体系。

图 5-2 2007~2023 年苏州工业园区市级人才发展政策重要文件

资料来源：相关政府网站，清华大学全球私募股权研究院整理。

截至2022年底，苏州拥有的高层次人才总数达到37万人，其中顶尖人才，包括"省双创人才"和"省姑苏领军人才计划"人才的增长速度显著高于该地区其他类别人才的增速，如表5-6所示。目前，在苏州工业园内，已累计评选出领军人才项目2654个，这些人才项目培育了园区内60%的上市企业、93%的独角兽企业及准独角兽企业，展现了人才对创新和发展的重要推动作用，人才的引入是区域产业核心发展潜力及竞争力的重要领先及关键性指标。

表5-6　2010~2022年苏州市各类人才数量

年份	人才总量（万人）	高技能人才（万人）	高层次人才（万人）	省"双创人才"（人）	省"姑苏领军人才计划"人才（人）
2010	146.31	27.92	8.15	138	135
2011	161.21	29.54	9.70	205	229
2012	178.37	38.92	11.40	301	347
2013	195.56	43.09	13.37	403	473
2014	212.04	46.63	15.53	501	606
2015	228.13	49.19	17.80	579	741
2016	244.21	52.43	20.05	683	866
2017	260.01	54.87	22.30	782	1012
2018	276.48	57.68	24.49	873	1206
2019	293.44	64.80	26.98	985	1449
2020	320.87	72.75	30.18	1114	1780
2021	335.00	82.40	32.00	1236	2233
2022	363.00	91.20	37.00	1385	2863

资料来源：苏州市人民政府。

2022年，苏州市人民政府创建了全球化的"人才政策体系"，这套体系包括领军人才发现、创新集群人才支撑、科技招商智能导航三大系统，通过设置学术影响力、成果持续力、科研爆发力等40项指标，将搜寻目标科技人才的目光扩大至全世界，而全球化的人才视野及对细分领域的前瞻能力也是世界级医药科技园区实现与时俱进发展的必要条件。

综上，区域创新发展及企业成长过程中需要各种类型的人才，包括技术人才、管理人才、销售人才的集体合力，具有显著聚集效应的外部环境对于硬科创企业的健康成长发挥着重要的影响作用。

二、大力度的创新研发支持政策

对于硬科创企业而言，无论是提升已有技术的成熟度，还是根据行业技术的发展局势布局关键性技术，并加强与产业链上下游的技术嵌入性，都离不开持续的研发投入。观察全国各区域的新药研发现状，江苏、北京等省市属于研发活动相对活跃的区域，而湖北等省份在新药研发的整体活跃度上仍有较大的进步空间（见图5-3、图5-4）。为了促进医药产业的发展，部分园区推出了多种研发扶持政策，这些政策在加速产业发展、引导创新方向、规范市场秩序和提升产业质量等方面发挥了至关重要的作用。

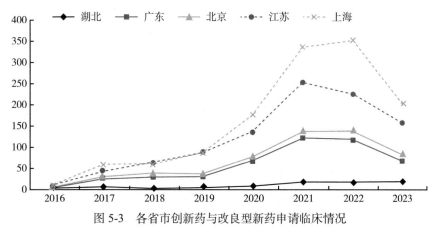

图5-3　各省市创新药与改良型新药申请临床情况

资料来源：药智网（2016年及以后，新法规下在CDE新递交临床申请的药品品种数量，不包含子企业的成果）。

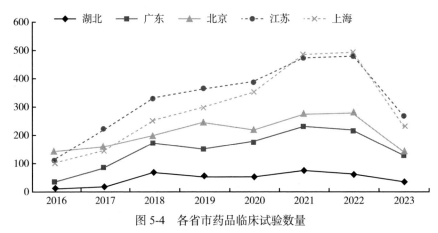

图 5-4　各省市药品临床试验数量

资料来源：药智网。

北京市目前对Ⅱ期临床试验及以后阶段的1类、2类药品研发提供补助，补助金额最高可达500万元，此外，若获得FDA、PMDA、WHO等国际权威机构的注册，还可额外获得200万元的奖励。中关村园区对创新药的资金支持最高可达1000万元（见表5-7）。江苏省对1类、2类新药研发的资金支持最高分别为3000万元和1000万元，而苏州市对进入各期临床及完成各期临床的新药提供的资金支持最高分别为250万元和400万元。苏州工业园区根据企业研发进度和新药获批情况，最高可给予50万~100万元的奖励（见表5-8）。在三个医药园区中，武汉东湖高新区所属的省市区三级政府对新药研发的政策支持力度是相对最大的，湖北省对获得国家1类新药生产批件的企业，每个产品提供3000万元的奖励。武汉市对1类新药获得临床试验批件的资金支持最高为1000万元，获得注册批件的最高为3000万元，2类及3类新药也将分别获得最高1000万及500万元的资金支持，单个企业每年累计最高不超过1亿元（见表5-9）。汇聚于三地的医药硬科创企业显著受益于这些政策，获得了相应的研发资金支持，预计这些政策将进一步提升整个区域的研发热度及创新药企业的聚集效应。

表 5-7 北京市新药研发支持政策

政策制定地区	政策名称	政策要点
北京市	《2022 年度高精尖产业发展资金实施指南》	进入Ⅱ期临床试验及以后阶段的 1 类、2 类药品，以及进入国家和本市的创新医疗器械特别/优先审查程序或在本市获批注册的人工智能/应急审批医疗器械，且确定在本市产业化的给予奖励。其中，单个创新药品奖励金额不超过 500 万元，单个医疗器械奖励金额不超过 200 万元，对以上通过 FDA、PMDA、WHO 等权威国际机构注册并在相应国外市场实现销售的创新药品或医疗器械，再奖励 200 万元

资料来源：各级政府文件。

表 5-8 江苏省、苏州市新药研发支持政策

政策制定地区	政策名称	政策要点
江苏省	《关于促进全省生物医药产业高质量发展的若干政策措施》（2021 年 9 月）	对已完成Ⅰ期、Ⅱ期、Ⅲ期临床试验，以及由我省注册申请人获得许可并在我省生产的创新药（药品注册分类为中药 1 类、化学药 1 类、生物制品 1 类），按照不同研发阶段，择优给予最高 3000 万元资金支持。对已完成Ⅱ期、Ⅲ期临床试验，以及由我省注册申请人获得许可并在我省生产的改良型新药（药品注册分类为中药 2 类、化学药 2 类、生物制品 2 类），按照不同研发阶段，择优给予最高 1000 万元资金支持
苏州市	《关于加快推进苏州市生物医药产业高质量发展的若干措施》（2019 年 4 月）	对在中国境内开展临床试验，进入Ⅰ、Ⅱ、Ⅲ期临床试验阶段的新药项目，分别给予 100 万元、150 万元和 250 万元一次性资助；完成临床Ⅰ、Ⅱ、Ⅲ期研究的，再按照投入该产品实际研发费用的 20%，分别给予最高不超过 100 万元、200 万元和 400 万元资助。单个企业每年资助最高不超过 3000 万元

资料来源：各级政府文件。

表 5-9 湖北省、武汉市新药研发支持政策

政策制定地区	政策名称	政策要点
湖北省	2020 年 7 月湖北省出台了 30 条政策意见加快湖北省大健康产业发展	对获得国家一类新药生产批件的企业，每个产品给予 3000 万元奖励；对在全国同类仿制药中首个通过一致性评价的药品，按经认定实际投入研发费用的 20% 予以奖补

(续)

政策制定地区	政策名称	政策要点
武汉市	《进一步推进大健康和生物技术产业发展政策措施》（2021年11月）	支持新药研发。对企业自主研发的生物医药创新产品，按照项目进展情况给予资金支持，单个企业每年累计最高不超过1亿元。其中： 1类生物制品、1类化学药和中药创新药，按照单个产品研发费用的40%给予资金支持，获得临床试验批件的最高给予1000万元资金支持，获得注册批件的最高给予3000万元资金支持 2类生物制品、2类化学药和中药改良型新药，按照单个产品研发费用的20%给予资金支持，获得临床批件的最高给予500万元资金支持，获得注册批件的最高给予1000万元资金支持 3类生物制品、3类化学药和古代经典名方中药复方制剂获得注册批件的，按照单个产品研发费用的10%给予资金支持，最高给予500万元资金支持 （牵头单位：市科技局；配合单位：市市场监管局、市卫健委，各区人民政府）

资料来源：各级政府文件。

三、推进重点科研平台建设及成果转化的政策实施

重点科研平台建设及成果转化政策实施是促进本地优势学科高质量可持续发展以及加强产学研一体化的关键措施。依托区域的优势学科和资源，三地园区陆续搭建了多个省级和市级科研平台（见表5-10）。北京作为全国科研实力和实验室资源最丰富的城市，聚集了众多的重点科研机构，例如，北京的中关村昌平国家实验室自2020年10月成立以来，一直专注于新发突发传染病、脑科学与脑机接口、前沿技术基础研究、人工智能与生物医药等领域，产出了多项具有重大价值及影响的科研学术成果。

我们进一步发现，北京、苏州、武汉等地政策的着重点之一是加速推进技术要素的市场化改革，促进具有自主性、原创性的高科技成果的转化与孵化，助力行业关键性技术的加速发展。

表 5-10　中关村国家自主创新示范区、苏州工业园区、武汉东湖高新区重点科研机构及人才概况

	中关村国家自主创新示范区	苏州工业园区	武汉东湖高新区
顶尖生物医药人才情况	高端人才 300 余人，其中院士 21 人、长江学者 4 人、国务院特殊津贴获得者 56 人等	中外院士团队 20 个、国家级人才工程入选者 93 位、各级领军人才超 1000 名，顶尖人才数占全国同类人才的比重达 25% 以上	70 名中外院士、81 名国家级高层次人才、234 名省级高层次人才、173 名"武汉英才计划"和 2905 名"3551 光谷人才计划"人才
国家实验室	中关村国家实验室（聚焦国家网络信息领域），昌平实验室（新发突发重大传染病、脑科学与脑机接口、前沿技术基础研究、人工智能与生物医药）。北京市国家实验室数量占全国的 1/3	苏州实验室（围绕"战略性产品、战略性产业、未来科技"发展中重大材料科学和关键技术问题，强化战略性结构材料、战略性功能材料和前沿新材料布局，构建材料科学支撑平台）	光谷实验室正在申报国家实验室（聚焦光电子技术与装备，围绕面向智能感知的光电融合芯片和微系统、面向高端制造业的先进激光器与制造装备以及面向通信领域的化合物半导体器件及制造装备三大任务持续攻关）
各级研发机构	Ⅰ 期、Ⅱ 期项目已有北京生命科学研究所、国家蛋白质科学中心、北京脑科学与类脑研究中心等 10 个国家工程研究中心和重点实验室、16 个省部级研发中心落户，目前生命科学园在建重点项目还包括北京市疫苗检验中心、国际研究型医院、清华工研院细胞与基因治疗创新中心、北京飞镖国际创新平台、大分子药物中试平台、华为 AI 药物研发云平台等	国家级研发机构：累计建有国家企业技术中心、国家地方联合工程研究中心等近 20 家 省级研发机构：累计建有省级工程技术中心、省级企业技术中心等近 700 家 市级研发机构：累计获批建设工程技术研究中心、企业技术中心、重点实验室等 1300 余家，上海大学苏州创新中心、纳微微球研究所获批市级新型研发机构，晶方光电获批全市唯一国际研发机构	56 个国家级科研院所，10 个国家重点开放实验室，7 个国家工程研究中心，700 多个技术开发机构。光谷生物城先后获批国家综合新药创制大平台、国家创新药物研究与开发技术体系、国家基因工程药物公共服务平台、国家生物诊疗制剂及服务产业区域集聚发展试点、国家基因检测技术应用示范中心

资料来源：各级机构网站，清华大学全球私募股权研究院整理（截至 2023 年 6 月）。

根据中国医药创新促进会提供的数据,我国医学科技成果的转化率目前低于8%,不仅低于全行业重大科技成果的平均转化率20%,而且远低于美国和日本的近70%的同类比率。此外,我国研发总投入中超过80%用于后期的试验开发,而基础研究得到的资助与其关键作用并不匹配。为此,各地区正在积极增强对基础研究的投入和科技成果的转化。

北京市在这方面走在了前列,2019年出台了《北京市促进科技成果转化条例》,成为首个明确赋予科研人员职务科技成果所有权的城市。随后,北京市又推出了"京校十条""京科九条""科创30条"等创新政策,实施了科技成果处置、使用、收益的"三权"改革,并设立了专门的科技成果转化岗位。2022年1月,北京市又发布了《关于打通高校院所、医疗卫生机构科技成果在京转化堵点若干措施》等政策,这些措施促进了高质量科技成果的转化效率,营造了良好的创新环境。北京市技术交易成交额从2012年的2458.5亿元增长到2021年的7005.7亿元,年均增长率为12.3%,在全国总量中的占比年均超过30%(见图5-5)。

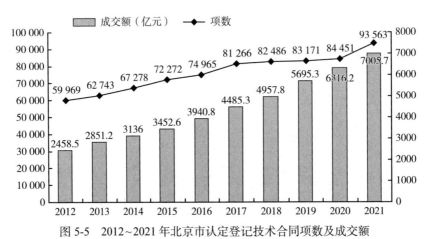

图 5-5　2012~2021 年北京市认定登记技术合同项数及成交额

资料来源:北京国际科技创新中心。

苏州市于2023年7月1日开始实施《苏州市科技创新促进条例》,其中规定将职务科技成果转化收益的分配比例提升至"不低于百分之八十"，这一比例在全国范围内处于领先地位。

以上有关重点学科研究平台建设及科研成果转化的政策及经验对于全国各地具有重要的借鉴和推广价值，对于提升基础研究水平和科研转化效率至关重要，也是促进本地医药产业链加速发展的重要环节。

四、高效赋能科创企业健康发展的金融支持政策

我国新药上市的研发累计投入巨大，一个创新药的成功上市通常需要数亿元的投资。许多公司同时推进多个产品线的研发，一些大型生物技术公司的年度研发费用甚至达到数十亿或数百亿元。如此巨额、持续的研发投入，仅靠企业自有资金及政策性研发经费的支持是不够的。因此，各地区的股权投资基金的投融资活动对于创新型医药企业的成长至关重要，特别是地方政府全方位、多策略的融资支持政策，将直接影响企业资金链的健康与企业生存率。

根据2022年医药健康领域的整体股权融资活动情况来看，江苏、上海、广东、北京和浙江等地区居于融资活跃度的前列，形成第一梯队（见图5-6）。北京凭借首都的区位优势，汇聚了大量大型医药企业和金融机构资源。2013~2017年，北京医药健康领域的投融资事件在全国的占比维持在20%左右。苏州的投融资活动在近年来呈现出较快的增长趋势，2022年和2023年的全国融资事件占比分别上升至11.3%和13%。相比之下，武汉在2018~2022年的年度融资事件则保持在30起左右（见图5-7）。

作为全国股权投资最为活跃的地区之一，苏州市委和市政府高度重视股权投资与产业的深度融合以及持续高质量发展，苏州在全国范围内率先成立了政府引导基金管理中心，并于2017年发布了《苏州市产业引导基金管理办法》。该办法对引导基金的投资、退出流程以及风险控制提出了明确

的要求和规定。此外,苏州还建立了一套科学的考评体系,对基金管理人和托管银行提出了具体的风险控制要求,从而促进了地区引导基金发展的规范化。

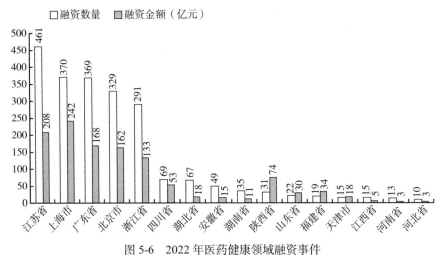

图 5-6　2022 年医药健康领域融资事件

资料来源:火石创造产业数据中心。

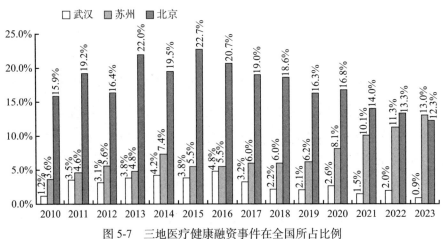

图 5-7　三地医疗健康融资事件在全国所占比例

资料来源:根据投中数据整理。

经过多年的精心培育和发展，苏州私募股权行业实现了高质量发展。截至 2023 年 4 月，苏州的私募股权和创业投资基金管理人注册总数达到了 383 家（见图 5-8），管理的基金规模约为 4779 亿元（见图 5-9）。在江苏省内，苏州市和南京市是私募股权机构集中度较高的区域，这两个城市的私募股权和创业投资基金管理人的注册总和以及管理基金的总规模，分别占据了全省的 66% 和 80%。

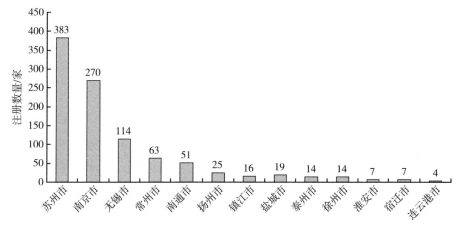

图 5-8　江苏私募股权、创业投资基金管理人按注册地分布

资料来源：江苏省创业投资协会（截至 2023 年 4 月）。

在苏州私募股权行业的发展历程中，苏州政府主导成立的各类金融机构，特别是大型国有资本基金，扮演了至关重要的引领和推动角色。2010 年，由国开金融有限公司和苏州创业投资集团共同发起的苏州工业园区母基金成立，这是首支国家级的人民币大型母基金，总规模达到 600 亿元。2017 年，总规模达 500 亿元的苏州市创新产业发展引导基金成立，该基金采用"母基金＋子基金"的模式，重点投资于医疗健康、工业 4.0、新一代信息技术和消费升级等领域。2022 年 6 月，苏州创新投资集团正式成立，注册资本高达 180 亿元。

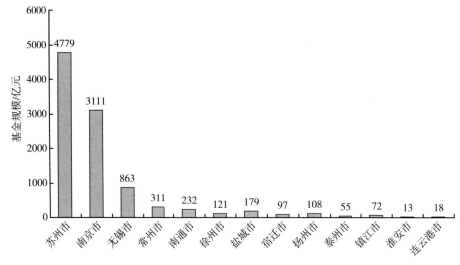

图 5-9　江苏私募股权、创业投资基金管理人管理基金规模分布

资料来源：江苏省创业投资协会（截至 2023 年 4 月）。

苏州的元禾控股、苏高新创投、国发创投和苏创投为当地较大的国有创投企业，其中国发创投和元禾控股的投资总金额已超过百亿元（见表5-11）。更值得一提的是，苏州国资直接投资基金对早中期企业的投资比例略高于国资间接投资基金。良好的融资系统及环境为硬科创企业的成长起到了强大的助力推动作用。苏州各级政府对国资基金的大力支持部分得益于苏州强大的财政实力。2022 年，苏州的公共财政收入达到 2329 亿元，超过了大多数省会城市当年财政收入的金额。

表 5-11　苏州地区重点国资基金

名称	成立日期	管理基金总数	投资总金额（亿元）	投资/退出事件数
苏州国发创业投资控股有限公司	2008/5/8	15	172.42	61/13
苏州元禾控股股份有限公司	2007/9/11	17	128.64	371/80
苏州国发资产管理有限公司	2012/11/21	64	111.32	47/3

(续)

名称	成立日期	管理基金总数	投资总金额（亿元）	投资/退出事件数
东吴创业投资有限公司	2010/1/7	35	79.03	40/8
苏州国发融富创业投资管理企业（有限合伙）	2009/12/28	42	17.58	62/31
太平国发（苏州）资本管理有限公司	2015/1/15	37	16.44	12/2
苏州高新创业投资集团中小企业发展管理有限公司	2013/12/5	14	14.32	196/11
苏州园丰资本管理有限公司	2020/3/18	3	12.92	12/0
苏州高新创业投资集团有限公司	2008/7/30	10	9.71	48/4

资料来源：投中数据。

除了股权融资，以苏州为代表的地区，在完善科技型企业信贷评价体系方面也积累了许多成功经验。2019年，中国人民银行批准苏州设立全国首个小微企业数字征信实验区。截至2022年9月，征信平台已累计采集超过74万户企业的授权信息，占全市法人企业的80%以上，累计采集企业信息达到6.8亿条，有效助力全市小微企业获得不同额度的贷款，每年贷款金额和户数平均增长超过20%。此外，苏州为科技型中小企业提供了富民创业贷、科贷通、苏微贷、小微贷、苏科贷等一系列贷款产品，满足企业各类融资需求。

综上，这些区域各项积极科创政策的颁布实施为中国医药行业的创新与发展提供了有力的支持，使得许许多多的硬科创企业在北京、苏州、武汉等城市成长壮大，也进一步吸引了众多科技型企业和人才，为区域产业发展做出巨大贡献。

第三节 支持硬科创进阶的外部环境塑造要素总结

基于北京市中关村国家自主创新示范区、苏州工业园区以及武汉东湖高新区等优秀园区在推动生物医药产业升级和硬科创企业发展方面积累的先进经验，我们梳理出政府在促进以生物医药等战略性新兴产业发展中，塑造外部环境的六个关键政策要素：①制定具有前瞻性且深入的产业发展规划与政策；②积极引入创新要素并提升成果转化效率；③建立产业链各环节的支持政策和措施；④提供全周期的企业培育政策及金融服务方案；⑤促进本地高校和科研院所的集聚发展及产学研合作；⑥多维度营造创新发展更优环境（见图5-10）。

在将不同类别的外部政策施用于待引育硬科创企业的微观层面时，政府需要紧密联系企业的发展阶段和面临的实际问题，进行分层实施，以实现精准赋能（见图5-11）。对于企业在技术和商业层面，以及内部和外部的实际需求，政府可以提供多维度政策支持，以加快企业技术创新和高质量发展的步伐（见图5-12）。

生物医药园区对生物医药企业进阶的积极影响，不仅为我们提供了一个从行业和区域两个维度来理解外部环境的独特视角，还生动地展示了在本书所提出的硬科创进阶四象限框架内，各级政府在营造外部商业环境和技术环境方面的具体作为。这些积极政策的实施对硬科创企业提升其内部技术能力和商业能力起到了显著的推进作用。

第五章 硬科创进阶与外部环境塑造 231

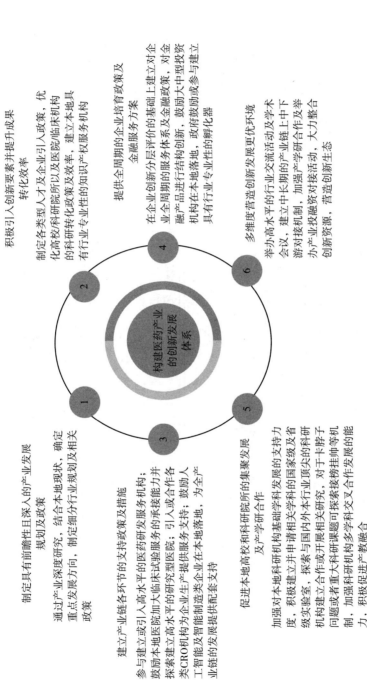

图 5-10 促进及影响医药行业创新发展外部环境的六个关键政策要素

资料来源：清华大学全球私募股权研究院。

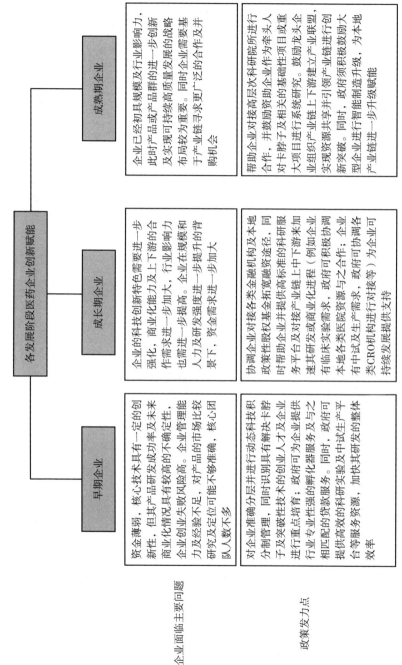

图 5-11 支持各发展阶段医药企业的政策发力点

资料来源：清华大学全球私募股权研究院。

		技 术		商 业
内部	原创性 自主性 成熟度	支持及鼓励企业创新，对企业研发投入给予补贴及相关税收减免。积极对接及引入各类金融机构，对企业的融资需求提供多种支持。鼓励本地科研院校进行基础研究、创新性研究及加速科技成果转化的效率	战略 人才 企业家精神	对中小型企业提供专业性强的孵化器支持及服务，提高其战略及管理水平。对于龙头企业鼓励其与顶尖的机构进行合作，实现高质量可持续发展。对各类别人才都制定翔实的引育政策并对重大人才引育给予"一事一议"的支持
外部	关键性 嵌入性	对于重大创新项目及卡脖子关键技术项目进行重点支持。协同企业及相关机构解决产业链上中下游发展中的技术难点及薄弱环节	政策 经济 社会	对拟重点发展的行业制定前瞻性且专业性较强的规划及具体政策。创造健康、良好的本地商业生态及政府服务意识，鼓励各类金融机构在本地投资，为企业提供金融服务，建立良好的创新生态及环境

图 5-12　政府支持企业创新发展的赋能措施

资料来源：清华大学全球私募股权研究院。

包政30年研究经验集中分享

打通分工与组织的关系,帮助企业完成思考,学会构建中国人自己的商业理论。

管理的本质(珍藏版)
ISBN:978-7-111-74341-5

企业的本质(珍藏版)
ISBN:978-7-111-74336-1

营销的本质(白金版)
ISBN:978-7-111-74402-3

未来管理的挑战(珍藏版)
ISBN:978-7-111-74399-6

通用汽车总裁斯隆一生的管理经验。
德鲁克、比尔·盖茨、克里斯蒂·麦克唐纳、包政推荐。

经理人的工作:向斯隆学管理
ISBN:978-7-111-75450-3

我在通用汽车的岁月
ISBN:978-7-111-67511-2

会计极速入职晋级

书号	定价	书名	作者	特点
66560	49	一看就懂的会计入门书	钟小灵	非常简单的会计入门书；丰富的实际应用举例，贴心提示注意事项，大量图解，通俗易懂，一看就会
44258	49	世界上最简单的会计书	[美]穆利斯 等	被读者誉为最具材实料的易懂又有用的会计入门书
77022	69	新手都想看的会计入门书	[日]吉成英纪	独创口诀形式，可以唱读；运用资产负债法有趣讲解，带你在工作和生活中活学活用
71111	59	会计地图：一图掌控企业资金动态	[日]近藤哲朗 等	风靡日本的会计入门书，全面讲解企业的钱是怎么来的，是怎么花掉的，要想实现企业利润最大化，该如何利用会计常识开源和节流
59148	69	管理会计实践	郭永清	总结调查了近1000家企业问卷，教你构建全面管理会计图景，在实务中融会贯通地去应用和实践
69322	59	中小企业税务与会计实务（第2版）	张海涛	厘清常见经济事项的会计和税务处理，对日常工作中容易遇到的重点和难点财税事项，结合案例详细阐释
42845	30	财务是个真实的谎言（珍藏版）	钟文庆	被读者誉为最生动易懂的财务书；作者是沃尔沃原财务总监
76947	69	敏捷审计转型与超越	[瑞典]托比·德罗彻	绝佳的敏捷审计转型指南，提供可学习、可借鉴、可落地的系统解决方案
75747	89	全面预算管理：战略落地与计划推进的高效工具	李欣	拉通财务与经营人员的预算共识；数字化提升全面预算执行效能
75945	99	企业内部控制从懂到用（第2版）	冯萌 等	完备的理论框架及丰富的现实案例，展示企业实操经验教训，提出切实解决方案
75748	99	轻松合并财务报表：原理、过程与Excel实战（第2版）	宋明月	87张大型实战图表，教你用EXCEL做好合并报表工作；书中表格和合并报表编制方法可直接用于工作实务
70990	89	合并财务报表落地实操	蔺龙文	深入讲解合并原理、逻辑和实要点；14个全景式实操案例
77179	169	财务报告与分析：一种国际化视角（第2版）	丁远 等	从财务信息使用者角度解读财务与会计，强调创业者和创新的重要作用
64686	69	500强企业成本核算实务	范晓东	详细的成本核算逻辑和方法，全景展示先进500强企业的成本核算做法
74688	89	优秀FP&A：财务计划与分析从入门到精通	詹世谦	源自黑石等500强企业的实战经验；七个实用财务模型
75482	89	财务数字化：全球领先企业和CFO的经验	[英]米歇尔·哈普特	从工程师、企业家、经济学家三个视角，讨论财务如何推动企业转型的关键杠杆
74137	69	财会面试实用指南：规划、策略与真题	宋明月 等	来自资深面试官的真实经验，大量面试真题
55845	68	内部审计工作法	谭丽丽 等	8家知名企业内部审计部长联手分享，从思维到方法，一手经验，全面展现
72569	59	超简单的选股策略：通过投资于身边的公司获利	爱德华·瑞安	简单易学的投资策略，带你找到对你来说有可能赚钱的股票，避免错过那些事后会后悔没买进的好股票
73601	59	逻辑学的奇妙世界：提升批判性思维和表达能力	[日]野矢茂树	资深哲学教授写作的有趣入门书；适合所有想在工作、学习和生活中变得更有逻辑的人
60448	45	左手外贸右手英语	朱子斌	22年外贸老手，实录外贸成交秘诀，提示你陷阱和套路，告诉你方法和策略，大量范本和实例
70696	69	第一次做生意	丹牛	中小创业者的实战心经，赚到钱、活下去、管好人、走对路；实现从0到亿元营收跨越
70625	69	聪明人的个人成长	[美]史蒂夫·帕弗利纳	全球上亿用户一致践行的成长七原则，护航人生中每一个重要转变

财务知识轻松学

书号	定价	书名	作者	特点
71576	79	IPO财务透视：注册制下的方法、重点和案例	叶金福	大华会计师事务所合伙人作品，基于辅导IPO公司的实务经验，针对IPO中最常问询的财务主题，给出明确可操作的财务解决思路
58925	49	从报表看舞弊：财务报表分析与风险识别	叶金福	从财务舞弊和盈余管理的角度，融合工作实务中的体会、总结和思考，提供全新的报表分析思维和方法，黄世忠、夏草、梁春、苗润生、徐珊推荐阅读
62368	79	一本书看透股权架构	李利威	126张股权结构图，9种可套用架构模型；挖出38个节税的点，避开95个法律的坑；蚂蚁金服、小米、华谊兄弟等30个真实案例
70557	89	一本书看透股权节税	李利威	零基础50个案例搞定股权税收
62606	79	财务诡计（原书第4版）	[美]施利特 等	畅销25年，告诉你如何通过财务报告发现会计造假和欺诈
70738	79	财务智慧：如何理解数字的真正含义（原书第2版）	[美]伯曼 等	畅销15年，经典名著，4个维度，带你学会用财务术语交流，对财务数据提问，将财务信息用于工作
67215	89	财务报表分析与股票估值（第2版）	郭永清	源自上海国家会计学院内部讲义，估值方法经过资本市场验证
73993	79	从现金看财报	郭永清	源自上海国家会计学院内部讲义，带你以现金的视角，重新看财务报告
67559	79	500强企业财务分析实务（第2版）	李燕翔	作者将其在外企工作期间积攒下的财务分析方法倾囊而授，被业界称为最实用的管理会计书
67063	89	财务报表阅读与信贷分析实务（第2版）	崔宏	重点介绍商业银行授信风险管理工作中如何使用和分析财务信息
58308	69	一本书看透信贷：信贷业务全流程深度剖析	何华平	作者长期从事信贷管理与风险模型开发，大量一手从业经验，结合法规、理论和实操融会贯通讲解
75289	89	信贷业务全流程实战：报表分析、风险评估与模型搭建	周艺博	融合了多家国际银行的信贷经验；完整、系统地介绍公司信贷思维框架和方法
75670	89	金融操作风险管理真经：来自全球知名银行的实践经验	[英]埃琳娜·皮科娃	花旗等顶尖银行操作风险实践经验
60011	99	一本书看透IPO：注册制IPO全流程深度剖析	沈春晖	资深投资银行家沈春晖作品；全景式介绍注册制IPO全貌；大量方法、步骤和案例
65858	79	投行十讲	沈春晖	20年的投行老兵，带你透彻了解"投行是什么"和"怎么干投行"；权威讲解注册制、新证券法对投行的影响
73881	89	成功IPO：全面注册制企业上市实战	屠博	迅速了解注册制IPO的全景图，掌握IPO推进的过程管理工具和战略模型
77436	89	关键IPO：成功上市的六大核心事项	张媛媛	来自事务所合伙人的IPO经验，六大实战策略，上市全程贴心护航
70094	129	李若山谈独立董事：对外懂事，对内独立	李若山	作者获评2010年度上市公司优秀独立董事；9个案例深度复盘独董工作要领；既有怎样发挥独董价值的系统思考，还有独董如何自我保护的实践经验
74247	79	利润的12个定律（珍藏版）	史永翔	15个行业冠军企业，亲身分享利润创造过程；带你重新理解客户、产品和销售方式
69051	79	华为财经密码	杨爱国 等	揭示华为财经管理的核心思想和商业逻辑
73113	89	估值的逻辑：思考与实战	陈玮	源于3000多篇投资复盘笔记，55个真实案例描述价值判断标准，展示投资机构的估值思维和操作细节
62193	49	财务分析：挖掘数字背后的商业价值	吴坚	著名外企财务总监的工作日志和思考笔记；财务分析视角侧重于为管理决策提供支持；提供财务管理和分析决策工具
74895	79	数字驱动：如何做好财务分析和经营分析	刘冬	带你掌握构建企业财务与经营分析体系的方法
58302	49	财务报表解读：教你快速学会分析一家公司	续芹	26家国内外上市公司财报分析案例，17家相关竞争对手、同行业分析，遍及教育、房地产等20个行业；通俗易懂，有趣有用
77283	89	零基础学财务报表分析	袁敏	源自MBA班课程讲义；从通用目的、投资者、债权人、管理层等不同视角，分析和解读财务报表；内含适用于不同场景的分析工具